你所不知道的
国家一级博物馆❷

人民日报海外版文艺部 主编

人民日报出版社

北京

一个博物馆就是一所大学校

# 目录

# 目录

周口店北京人遗址博物馆

周口店遗址

足迹 探寻『北京人』的

周口店北京人
遗址博物馆

北京市房山区周口店镇，峰峦起伏，小河潺潺。1921年，瑞典地质学家安特生到周口店调查时来到龙骨山。他说："有一种预感，我们祖先的遗骸就躺在这里。"后来，这里发现了第一个完整的"北京人"头盖骨化石，轰动世界。

1953年，中国猿人陈列馆在周口店考古发掘的基础上建成。1961年，国务院把"周口店遗址"列为全国重点文物保护单位。1987年，"周口店北京猿人遗址"被列入《世界遗产名录》，成为中国首批入选世界遗产的6家单位之一。2014年5月，新建成的周口店北京人遗址博物馆向公众开放。

## 改写历史的伟大发现

远远看去，周口店北京人遗址博物馆像是原始人遗落在旷野的石器，粗犷刚硬的折面好似石器的刃口。建筑由南向北逐渐降低，与周边山脉及自然环境融为一体。博物馆建筑面积8093平方米，包括地上二层，

周口店北京人遗址博物馆大门口
周口店北京人遗址博物馆 供图

地下一层。馆内展出化石标本、文物、模型等1000余件，分4个展厅，系统介绍了周口店遗址的发现、发掘、研究和保护。

走进第一展厅，一张张黑白老照片讲述着百年前这片遗址上发生的故事。

1921年，时任中国政府矿政顾问的安特生及其助手来到周口店龙骨山试掘，发现了一颗人类牙齿化石。经测定，其年代为距今50万年左右，比此前已知的最早人类"尼安德特人"早了40万年。1926年这一发现公布后，周口店遗址吸引了世界关注。

1927年春天，周口店遗址大规模发掘工作开始，项目最初的负责人是中国地质学家李捷和瑞典古生物学家布林。从现场照片可以看到，当时是采用打格分方、从上到下井式挖掘的方式。当年又发掘出一颗保存完好的人类牙齿化石。北京协和医学院解剖学家步达生经过研究，将这种古人类命名为"中国猿人北京种"，俗称"北京人"。

1929年12月2日下午，考古学家裴文中带领几个技工在寒风中紧张地发掘。随着洞穴越挖越深，发掘面空间越来越狭小，无法使用汽灯，工作

裴文中抱着"北京人"头盖骨化石
周口店北京人遗址博物馆 供图

人员只好一手发掘，一手举着蜡烛照明。突然，裴文中大声叫起来："这是什么？是人头！"盼望已久的东西终于露面了。

这块头盖骨化石一半埋在硬土里，一半埋在松土中。裴文中把化石周围的土挖空后，用撬棍轻轻把它撬出来。化石出土时很潮湿，一碰就破。裴文中和两名技工连夜生起炭火来烘烤它，烤干后用水糊上几层厚厚的绵纸，再糊上石膏、麻袋片，继续烘烤。等到外面的石膏变得干燥坚硬，裹在里面的化石就不会轻易损坏了。最后，裴文中把头盖骨化石用自己的两床旧棉被包裹起来，外面再用褥子毯子捆好，乘长途车亲自送到北京城内的中国地质调查所新生代研究室。

一张老照片里，裴文中面向镜头站立，双手抱着包裹起来的头盖骨化石。旁边展柜里陈列着当时考古发掘使用的工具。"这就是裴文中1929年在周口店主持发掘的'北京人'头盖骨化石模型。"讲解员介绍说，头盖骨属于一个八九岁的男孩，骨壁较厚，约为现代人的两倍，脑容量较小，约为915毫升。

第一个"北京人"完整头盖骨化石的发现震惊了国际学术界，不但为达尔文从猿到人的进化理论提供了重要实物证据，而且还将人类演化历史向前推进了几十万年。"北京人"及其文化遗物、遗迹的发现和研究，解决了19世纪末"爪哇人"发现以来，直立人究竟是猿还是人的长期争论，确立了直立人阶段在人类发展史上的地位，是探索人类起源发展的一个突破性贡献。直立人的典型形态至今仍以"北京人"为准。

## 连续的古人类演化序列

周口店遗址自发掘以来，先后发现不同时期的各类化石和文化遗物地点27处，出土的古人类化石涵盖了人类演化史上的三个阶段——直立人、早期智人和晚期智人，构成连续的古人类演化序列，具有重要的科研价值。

展厅里摆放着周口店遗址模拟沙盘，可以看到各处化石地点的分布。周口店整个遗址保护面积4.8平方公里，其中以龙骨山为核心，保护

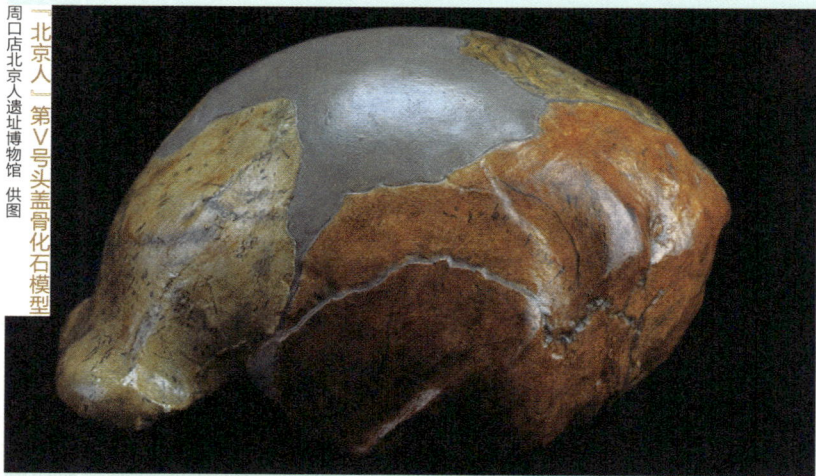

"北京人"第V号头盖骨化石模型
周口店北京人遗址博物馆 供图

面积为0.24平方公里，在这片区域发现了8处化石地点，其中有3处人类化石地点。周口店遗址出土的人类化石中，最著名的是距今70万—20万年的"北京人"化石和距今3万—1万年的"山顶洞人"化石。此外，在第4地点和第27地点，分别出土了距今20万—10万年和距今4.2万—3.85万年的古人类化石。

博物馆共展出6件相对完整的古人类头盖骨化石模型。"这是'北京人'第V号头盖骨化石模型，属于一名成年男性，脑容量约为1140毫升。"讲解员介绍，化石原件由四部分组成，包括1934年发现的左侧颞骨及其相连部分、1936年辨认出的右侧颞骨破片、1966年发现的完整额骨以及右半枕骨和部分顶骨。其中1934年及1936年出土的部分化石原件失踪，1966年出土的额骨及枕骨目前保存在中国科学院古脊椎动物与古人类研究所。

展厅里还有"北京人"股骨模型。通过对出土的人类股骨进行研究，可推算出当时"北京人"的身高——男性约为1.56米，女性约为1.44米。

"北京人"股骨模型
周口店北京人遗址博物馆 供图

山顶洞人制作和使用的工具——骨针
周口店北京人遗址博物馆 供图

山顶洞人制作和使用的装饰品
周口店北京人遗址博物馆 供图

『北京人』制作和使用的工具——雕刻器
周口店北京人遗址博物馆 供图

　　一面布满石器的黑色展墙吸引了参观者的目光。"龙骨山猿人洞出土了10万余件石器，我们选取其中的500件做成了这面石器墙。"讲解员说。这些石器种类丰富，包括刮削器、砍砸器、尖状器等，可以满足"北京人"采集、狩猎、防身、分割食物等需求。

　　第三展厅着重介绍了"山顶洞人"的发现。1933年，考古工作者对山顶洞遗址进行发掘，发现了40多件人类化石，分属于8个不同的个体，其中有3颗比较完整的头骨。通过头骨对"山顶洞人"进行头像复原，可以看出"山顶洞人"已经很接近现代人的相貌。据科学研究，"山顶洞人"男性身高约为1.74米，女性约1.59米，比"北京人"高出不少。

　　展柜里陈列着一枚细长的骨针。它是用老虎的骨头磨制而成，长约82毫米，略带弯曲，表明曾被使用过很长时间。骨针的出现，说明那时

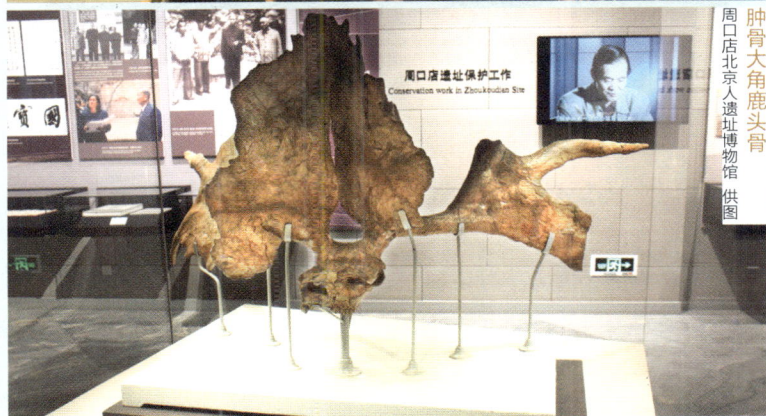

候人类已经学会缝制衣物来抵御寒冷。

　　一组"山顶洞人"的饰品也很有趣。讲解员介绍，"山顶洞人"已经有了爱美之心，他们将动物头骨、牙齿、贝壳、骨管等用野兽的筋串在一起，戴在身上打扮自己。

　　博物馆里还能看到许多动物化石标本，比如，和"北京人"同时期的中国鬣狗完整骨架、李氏野猪头骨、肿骨大角鹿头骨等，还有"山顶洞人"时期的洞熊和老虎骨架。这些动物化石为古生物学及远古时期环境气候研究提供了重要资料。

周口店北京人遗址博物馆第一展厅

周口店北京人遗址博物馆 供图

## 举世瞩目的保护与寻找

在互动电子屏前伸出手掌，与"北京人"比身高、比脑容量；走进4D影院，在雷电、大雾中穿越时空，来到远古人类的生活家园……周口店北京人遗址博物馆内丰富的多媒体和互动设施，让观众在沉浸式体验中触摸历史、对话先祖。

周口店北京人遗址博物馆先后在韩国、意大利、马来西亚、埃及等国家举办展览，每年都在国内举办数次巡展，并举办科普大讲堂走进校园。2020年疫情期间，博物馆积极推广线上短视频课程，2021年起推出"甲子传承·看四色龙骨山"抖音直播活动，并与《万里走单骑——遗产里的中国》节目组合作拍摄，努力唤起公众对文化遗产传承保护的重视。

猿人洞是周口店遗址群中最著名的一处，自20世纪20年代发掘以来，长期遭受日晒、雨淋、风蚀、溶蚀等自然力破坏，出现多种地质病害。为保护这一珍贵遗址，历经7年论证，本着"最小遮盖、消除隐患、融入自然"的原则，猿人洞全覆盖保护工程于2015年开始施工，2018年完成。2019年，周口店遗址第1地点（猿人洞）保护建筑荣获亚洲建筑师协会保护项目唯一金奖。

在周口店北京人遗址博物馆基本陈列的结尾，可以看到两只仿制的木箱与一份"北京人"遗失化石清单。清单上记载：在一只木箱里，装有7盒标本，其中4盒为"北京人"头盖骨化石。1941年，为保护周口店发现的古人类化石不被毁于战乱，中美两国相关负责人经过磋商，决定将"北京人"化石转移到美国博物馆暂存。这批化石装在两个大木箱里，打算交给美国海军陆战队，随着部队从北京到秦皇岛，乘轮船"哈里逊总统号"回美国。然而，在运输途中，由于珍珠港事件爆发，日军迅速占领了美国在北京、天津和秦皇岛等地的机构，海军陆战队的专用列车在秦皇岛被截，"哈里逊总统号"也搁浅在长江附近，未能抵达秦皇岛。这批化石从此下落不明，成为震惊世界的悬案。

1998年，14位中国科学院院士联名发声，呼吁全世界共同寻找"北京人"遗失化石："因为我们要寻找的不仅仅是这些化石本身，更重要的是要寻找人类的良知，寻找我们对科学、进步和全人类和平的信念。"

（陆培法　文）

清华大学艺术博物馆

清华大学
艺术博物馆

　　从典雅华美的丝绸瓷器到纹饰多样的古代铜镜，从热情奔放的印尼艺术作品到充满童趣的西方插画——沿着贯通一至四层的宽阔楼梯拾级而上，如同在跨越时空的艺术长廊里穿行，来自不同文明的艺术瑰宝尽收眼底。这座荟萃多元文化的艺术殿堂，便是坐落在大学里的国家一级博物馆——清华大学艺术博物馆（以下简称"清华艺博"）。

清华大学艺术博物馆外观

清华大学艺术博物馆 供图

早在1926年清华大学就创办了考古陈列室；1999年，原中央工艺美术学院（现清华大学美术学院）并入清华大学，艺术博物馆项目正式启动；2016年，博物馆落成并正式开放。清华艺博由瑞士设计师马里奥·博塔主持设计，总建筑面积3万平方米，包含14个展厅、9000平方米展陈空间，是目前国内面积最大的高校博物馆，也是名列国家一级博物馆的两座高校博物馆之一。

## 展现传统生活美学

清代"无量寿尊佛"缂丝佛像
清华大学艺术博物馆 供图

清华大学艺术博物馆现有藏品2万多件，多数来自清华美院旧藏及校友和社会人士的捐赠。"丝绣撷英""翰墨流芳""随方制象""晚霞余晖"4个常设展，分别以织绣、书画、家具、瓷器为主题，展现中国传统艺术和生活美学。

织绣厅里，高4.34米、宽2.79米的清代"无量寿尊佛"缂丝佛像令人震撼。这幅作品是乾隆朝内府巨制，上有乾隆皇帝御印，是其潜心礼佛的见证。缂丝是一种极其细致的手工织物，有"一寸缂丝一寸金"之说。这幅作品幅面宽大，人物众多，所用丝线颜色多至百种以上，工艺极为繁复，堪称古代缂丝艺术的登峰造极之作。

"这些小物件好精致啊！"展柜里，一件件小巧秀丽的荷包、扇套、眼镜盒、剪刀套等，引得观众啧啧赞叹。"这些叫作'活计'，是清代男子腰带上坠挂的日用装饰品，图案很有讲究。"清华艺博志愿者讲解道，"比如这件眼镜盒，用金银线绣着'如意三多'图案，佛手、寿桃、石榴分别寓意多福、多寿、多子，在清代纹饰中很常见。"

翘头案、平头案、圈椅、扶手椅、小圆角柜、大四件柜……走进家具展厅，仿佛置身于古代"家具博览会"。清华艺博收藏140余套家具类藏品，其中尤负盛名的是50多件以黄花梨、紫檀等材质为主的明式家具。

"这个桌案看起来比较朴素，似乎不太起眼，但它代表着明式家具简约之美的极致。"在一件黄花梨四面平条桌前，清华艺博常务副馆长杜鹏飞介绍。此桌由一整块木料制成，桌腿线条流畅，内翻成马蹄足，简洁而不失美感。20世纪40年代，德国汉学家、营造学社第一批外籍会员古斯塔夫·艾克在《中国花梨家具图考》中收录了这件作品，使之名扬海外。

明代黄花梨四面平条桌
清华大学艺术博物馆 供图

徐悲鸿《战马哀鸣》

清华大学艺术博物馆 供图

明代陈洪绶《对镜仕女图》

清华大学艺术博物馆 供图

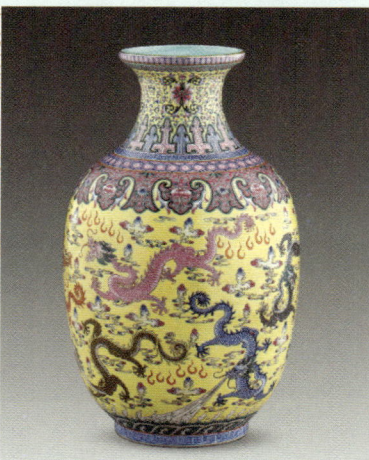

清代粉彩九龙瓶

清华大学艺术博物馆 供图

清代大雅斋粉彩花鸟高足碗

清华大学艺术博物馆 供图

在书画厅、瓷器厅，陈洪绶、郑燮、齐白石、徐悲鸿等名家书画作品，大雅斋粉彩花鸟高足碗、胭脂水压手杯、素三彩牡丹花形吸杯等精美瓷器，让人深切感受到中国传统艺术之美。

## 荟萃中外艺术精品

在"吉祥圣域——藏传佛教绘画与造像艺术展"现场，由孔雀石、玛瑙等加工而成的唐卡颜料吸引了不少参观者注意。这些颜料都是矿物制成的，可以几百年不褪色。

唐卡是藏族文化中一种独具特色的绘画艺术形式，凝聚着藏族人民的信仰和智慧。根据展厅内的介绍，唐卡绘制包括绷布、起稿、着色、勾线、开脸等步骤，且在绘制前需经问卜、择吉、焚香等多道仪式，完成一幅唐卡往往需要几个月甚至数年时间。此次展览展出从17世纪至20世纪的38件馆藏唐卡精品，具有极高的艺术价值。

"当年我们接收原中央工艺美术学院移交的文物时，在落满灰尘的

唐卡颜料
清华大学艺术博物馆 供图

"热带风暴——印度尼西亚现当代艺术叙事"展览

文物箱中发现了这批唐卡。当白色的宣纸被一层层打开，在场所有人都为之惊艳。"策展人安夙介绍，"这些唐卡有着优美的构图、独特的艺术表现力和精湛的绘制技艺。其中有4幅品相完整、画工精美的精品，为沈从文先生捐赠。"除了唐卡外，佛造像也是藏传佛教中重要的艺术形式，清华艺博特意从首都博物馆借展26尊金铜造像，更为全面地呈现藏传佛教艺术。

除了国内优秀的文物艺术品，在清华艺博还能看到不少海外艺术珍品。2021年春节期间开幕的"热带风暴——印度尼西亚现当代艺术叙事"展呈现了74件印度尼西亚现当代艺术佳作，让观众领略这一热带国家独特的艺术风貌。印尼艺术受到多国文化影响，如今国际地位愈发重要。大部分观众对印尼艺术了解比较少，这次展览不仅能让大家看到印尼艺术的发展演变，也能为国内艺术创作提供启示与借鉴。

截至2022年上半年，清华艺博共举办高水平展览82个，近半数为中外合作展览。"对话达·芬奇/第四届艺术与科学国际作品展""器服物佩好无疆——东西文明交汇的阿富汗国家宝藏""与天久长——周秦汉唐文化与艺术特展"等都是备受关注的"现象级"展览。2021年4月展出的"水木湛清华：中国绘画中的自然""万物毕照：中国古代铜镜文化与艺术"也汇聚了不少难得一见的珍品，掀起观展热潮。

"我们的展览和收藏体系希望做到'无问西东'，把古今中外的优秀艺术都带给观众。"杜鹏飞说。

## 打造多元美育体系

2020年6月，一场有趣的活动通过视频会议举办——这是清华艺博"云手作"系列课程中的一节，由资深唐卡收藏者和画师带领大家摹画唐卡"白度母"。

"我曾经在雍和宫欣赏过原作，这次能在老师指导下亲手绘制，觉得很有意思。"参与活动的是一位博物馆爱好者，对宗教艺术颇有兴趣。"这种'云手作'活动让大家直观地体验艺术，丰富了文化生活。"

"云手作"是清华艺博"手作之美"实践课在疫情期间的线上化尝试。清华艺博开馆6年来，已举办"清华艺博学术讲座""艺博映话""艺博微视"等12个系列、280余场公共教育活动，构建了线上线下融合的博物馆美育体系。公众可以聆听艺术、历史、科学等各领域专家讲座，可以亲手制作陶艺、染织、雕塑等工艺品，还可以和知名导演、编剧、演员围绕影视艺术进行交流探讨。

"清华艺博的会员制度为不同人群提供了参观和学习的机会。我每周至少会去一次，有时是参加志愿服务工作，有时是参观博物馆新开的

展览。"张黎2016年注册清华艺博会员，并报名成为第一批讲解志愿者。"作为志愿者，可以在开展之前近距离观摩新展的展品，这让我特别开心。"

清华大学学生是志愿者中的重要力量。"同学们来自不同的专业，但都对艺术文化充满兴趣。"清华大学环境学院研究生刘迪波说。自从大三加入志愿者团队，他已进行了一年半的志愿讲解，并希望一直持续到博士毕业。"每次准备一个展览都能激励我不断学习，拓宽知识储备，这是平时自己逛博物馆所达不到的。讲解时很多观众听说我是理工科的都很惊讶，他们以为我是历史专业的。"

自开馆以来，清华艺博已接待海内外观众200余万人次，成为中国高校开展艺术传播和文化交流的重要场所之一。"我们的办馆宗旨，一是支撑艺术学科人才培养和学木发展，二是服务于全校师生的美育和综合素质培养，三是面向公众开放、服务于全民美育。"杜鹏飞说，未来清华艺博会将互动投影、数字沙盘、VR、AR等科技元素注入展览中，举办更加丰富多彩的活动，致力于打造世界一流的大学博物馆，更好地服务社会、向美而行。

（杨 宁 文）

北京汽车博物馆

北京汽车
博物馆

新中国第一辆轿车何时诞生？汽车发动机怎样工作？世界上第一款女士座驾长什么样？如果你对汽车感兴趣，北京汽车博物馆是不可错过的打卡地，这些有关汽车的问题，在博物馆里都能找到答案。

自2011年建成开放以来，北京汽车博物馆始终致力于打造最具活力的汽车科普教育基地，用心讲好汽车故事。目前，博物馆拥有车辆及其他

北京汽车博物馆俯瞰图
北京汽车博物馆 供图

类别藏品1万余件（套），其中包括国内外多个品牌经典藏品车，并成立了国内首家汽车藏品专家委员会。

从高处俯瞰北京汽车博物馆，如同一只明亮的眼睛。在这里，我们可以看到中国汽车工业一点一滴起步、发展壮大的历程，也能以开阔的眼光放眼世界，感受汽车科技的进步和汽车文化的多彩。

## 回顾自主造车历程

从马车到汽车，历史车轮滚滚向前。

车的发展始于轮子，而中国是世界上最早发明和使用轮子的国家之一。在北京汽车博物馆五楼展厅入口处，两辆装有小木人的仿制车吸引了参观者的注意。它们还原了古代的指南车和记里鼓车。指南车用来指示方向，无论车如何转动，小木人的手总是指向南方；记里鼓车用于计算里程，车行一里，小木人击鼓一次。

随着近代汽车工业的发展，中国也开始探索汽车制造。在展览中可以看到：孙中山在《建国方略》中提出打造民族汽车工业；1931年，在爱国将领张学良支持下，"民生牌75型"汽车试制成功；在石油资源依赖进口的年代，工程师汤仲明发明木炭汽车……中国人造汽车的梦想和实践从未停止。

新中国成立后，中国汽车工业起步并逐渐发展壮大。解放CA10、东风CA71、红旗CA72等国产经典车型在展厅里一一亮相，述说着那段筚路蓝缕的历程。那时候百废待兴，创建第一汽车制造厂被列入"一五"计划，成千上万的人满怀激情投身于新中国汽车工业。

1953年7月，第一汽车制造厂在吉林长春破土动工。3年后，第一批解放牌载货汽车从这里驶出，结束了中国不能批量生产汽车的历史。

与此同时，国产轿车的研制也被提上日程。在1956年4月召开的中共中央政治局扩大会议上，毛泽东说，什么时候能坐上我们自己生产的小轿车来开会就好了。短短两年时间，一汽在无资料、无经验、无工装、无设备的条件下成功研制出东风牌轿车。1958年5月，在中南海试乘后，毛泽东高兴地说："坐了我们自己制造的小汽车了！"

仅几个月后，意气风发的一汽人试制出中国第一辆极富民族特色的高级轿车——红旗。1960年，红旗牌轿车参加莱比锡国际博览会，被编入《世界汽车年鉴》，列入世界名车品牌。

当时有句口号"乘东风，展红旗，造出高级轿车去见毛主席"，正是对那段自主造车激情岁月的生动写照。

改革开放为中国汽车工业带来新的发展机遇。以北京吉普、上海大众桑塔纳为代表的合资企业兴起，汽车消费市场潜力充分释放。如今，中国汽车产销量连续12年保持全球第一，越来越多自主品牌走出国门，中国汽车企业也开始收购、重组世界知名汽车企业。

"中国汽车人栉风沐雨、砥砺前行。"北京汽车博物馆馆长杨蕊说，在中国由汽车大国迈向汽车强国的征程中，博物馆要发挥好见证历史、记录历史的作用，讲好中国汽车工业发展故事。

## 聆听世界名车故事

漫步博物馆，可以看到多辆外国经典藏品车，领略多彩的汽车文化，感受世界汽车工业的进步。

在五楼"诞生发展"展区，一辆黑色三轮汽车格外引人注目。这是大名鼎鼎的"奔驰一号"的复制品。1885年，德国工程师卡尔·本茨制造出世界上第一辆以汽油为动力的车——"奔驰一号"，并于次年1月为该发明专利立案。"奔驰一号"刚问世时，因其比马车走得还慢而备受嘲笑。为了回击社会舆论对"奔驰一号"的质疑，在本茨对汽车进行改进后，本茨的夫人贝尔塔带着两个儿子驾驶汽车行驶了100多公里，贝尔塔也由此成为世界上第一位女性汽车驾驶员。

"奔驰一号"汽车（复制品）　史志鹏 摄

雪铁龙5HP鱼雷敞篷汽车　北京汽车博物馆 供图

　　展厅中还有一款汽车与女士有关，被称为世界上第一款女士座驾，它就是雪铁龙5HP鱼雷敞篷汽车。这款车采用了很多贴近女性的设计，操作简单，驾驶方便，在那个时代非常流行。眼前这辆车生产于1925年，是馆里收到的第一辆外资企业捐赠的汽车。这辆车的背后也有故事。1907年，横跨欧亚大陆的北京—巴黎汽车拉力赛举行，5支车队历经艰险，在62天内先后抵达终点。2007年，为纪念百年前的盛举，两位法国友人驾驶着这辆雪铁龙汽车，从北京出发，重走当年路。

　　汽车诞生之初，并没有马上实现大众化，汽车真正走向千家万户要从亨利·福特造T型车说起。1913年，福特受屠宰场生产流程启发，改变手工作坊的生产模式，安装了第一条汽车生产流水线，使得汽车产量激增，价格也大幅下降。北京汽车博物馆摆放了两辆福特汽车，一辆是1927年产的T型车，一辆是1929年产的A型车。A型车是由T型车改进而来，车的轮毂（gǔ）从木制变成金属，雨刮器由人工的改为电动的，玻璃也升级为安全玻璃。值得一提的是，这两辆车现在仍然能行驶。

继续向前参观，雪铁龙2CV、斯巴鲁360、大众甲壳虫等车型的出现，代表汽车逐渐普及开来。展厅里还有1926年的劳斯莱斯银魅、1928年的布加迪T-38A、1951年的捷豹XK120等经典豪车，让汽车发烧友大饱眼福。

"开馆以来，我们先后举办了中法、中美、中俄、中意、中德等多场汽车文化交流活动。以车为媒，架起中外文化交流的友谊桥梁。"杨蕊说。

## 感受汽车科技魅力

"来汽车博物馆，既要看汽车，也要学知识。"暑假期间，北京的刘女士带着小孩来逛博物馆，"这里有不少体验项目，可以让孩子在游戏中多了解一些汽车知识。"

一辆汽车由2万多个零部件组成，大到发动机，小到螺丝钉，都蕴藏着科技的奥秘。如何让观众尤其是小朋友感受到汽车科技的魅力呢？北京汽车博物馆打破传统的陈列方式，设置丰富的互动体验项目，开展寓教于乐的主题活动，充分调动观众感官。

在"发动机之旅"体验区，几个小朋友正在操控发动机演示模型，了解发动机进气、压缩、做功、排气的工作过程。看完演示，一个小朋友迫不及待地对其他人说出自己的"重大发现"："原来发动机和我们一样，也要呼吸呀！"

在汽车设计展区，孩子们三三两两一组，根据不同的汽车类型，在电脑上选择不同的车身、发动机、轮胎等零部件进行组装，完成后系统会自动打分。"越野车的底盘肯定要选高的。""我们得了1860分，你们多少分？"孩子们兴致勃勃，笑语不断。

汽车安全问题十分重要，为了提高汽车的安全性能，一代代工程师

们进行了许多发明创造。"三点式安全带"就是一个重要的发明，在事故中可以有力支撑驾乘者身体。为了让孩子们从小培养交通安全意识，掌握相关知识，博物馆推出了多项体验游戏：在"安全性能实验室"，可以了解保护驾乘者安全的技术与措施；在"儿童驾驶学校"，可以熟悉常见的交通标识。

刘女士的孩子正在参与"芝麻开门"游戏，他要回答有关交通安全的问题，全部答对了门才会开。刘女士说，这种闯关游戏趣味性强，孩子很爱玩。

在"汽车回收再利用"展区，有用汽车废弃零部件制作的艺术墙和工艺品。据介绍，汽车上的钢铁、有色材料类零部件90%以上可以回收利用。馆内"创新未来"展区对未来的新能源、新材料进行展望，希望通过互动体验、科普讲解等方式，引发观众对人、车、社会、自然和谐发展的思考。

（史志鹏　文）

平津战役纪念馆

平津战役
纪念馆

　　初冬的天津子牙河畔，宁静祥和，一座宏伟的建筑巍然耸立。聂荣臻元帅题写的7个金色大字——平津战役纪念馆，在阳光照耀下熠熠生辉。

　　1948年11月29日至1949年1月31日，中国人民解放军东北野战军、华北军区部队百万余人，对国民党华北"剿总"傅作义集团进行大规模战

平津战役纪念馆外观

平津战役纪念馆 供图

略决战，解放北平（今北京）、天津等中心城市，史称平津战役。平津战役纪念馆于1997年建成开馆，馆内2500多件珍贵文物及辅助展品，向人们讲述着那段荡气回肠的历史。

## 记录没有硝烟的斗争

"现在来到战役实施展厅，影像资料里的老人是中共天津地下党员麦璇琨，他为天津城市攻坚战的胜利作出了巨大贡献。我馆藏有一套绘图仪，是麦璇琨绘制天津城防图时所用，见证了隐蔽战线上这场没有硝烟的斗争。"平津战役纪念馆陈列保管部副主任曹静介绍。

当时，天津是傅作义集团由海上南撤的重要通道，国民党守军多次加筑天津城防工事，自以为"固若金汤"。为了取得天津城市攻坚战的胜利，1948年6月，华北局城工部向天津地下党市政工委书记王文源传达了一项秘密任务：设法搞到一张完整的天津城防图。王文源将这一任务交给了中共地下党员麦璇琨。麦璇琨当时任天津城防工程第八段的现场总监工，自己直接掌握第八段的图纸，要想绘制一张完整的天津城防图，还须设法拿到其他工段的施工图纸。他利用开会、考察的机会与相关技术人员搞好关系，看到人家有多余的备份图纸就直接索取，有的则以参考的名

麦璇琨的绘图仪器

平津战役纪念馆 供图

义借阅后绘制下来，再加上到施工现场实地勘察，不久就搜集到了全部图纸。

随后，麦璇琨便使用这套绘图仪绘制《天津城防堡垒化防御体系图》。先按照天津市区街道图，将主要街道、铁路、河流等描绘出来，再将城防线按实际比例绘制在图纸上，然后将大大小小的各类碉堡标注在城防线上，最后将城防线工程的横断面图和各类碉堡的详细构造绘于图纸空白处。

1949年1月14日10时，天津城市攻坚战打响。平津战役天津前线总指挥刘亚楼率领5个纵队22个师共34万人，从东、西、南三个方向发起总攻，仅用29个小时激战便解放天津。刘亚楼在回忆这场战役时写道："华北党组织特别是天津市地下党的同志，供给了详尽的天津敌情资料，连每一座碉堡的位置、形状、守备兵力都有具体交代。这就使我军迅速掌握了情况，因而下决心、订作战计划、部署兵力，都有了确实可靠的基础。"

## 见证北平和谈重要时刻

展柜里，一件蓝黑色毛呢面料、狐皮衬里的大衣格外引人注意。它是原国民党西北军将领、爱国民主人士邓宝珊用毛泽东同志赠送的狐皮做成的大衣。

抗日战争时期，邓宝珊与我党一直保持着友好往来。1943年11月下旬，邓宝珊从重庆回到陕西，专门去延安拜访毛主席。此间，邓宝珊偶感风寒。毛主席对其病况非常关心，请名医为他诊脉开方，不久他便康复了。毛主席又考虑寒冬将至，便送给他10张狐皮作为衣料。

这件狐皮大衣不仅是邓宝珊与中共中央领导人友好关系的直接物证，还见证了北平和谈这个重要历史时刻。

1949年1月13日至16日，傅作义派时任华北"剿总"副总司令邓宝珊

邓宝珊用毛主席赠送的狐皮做成的狐皮大衣

平津战役纪念馆 供图

苏静在北平和谈和签署『关于和平解决北平问题的协议』时使用的钢笔

平津战役纪念馆 供图

作为全权代表进行北平和谈第三次谈判。谈判中，邓宝珊特地穿着这件狐皮大衣，表达了想拉近双方关系的意思。最终，在军事打击与政治争取的双重作用下，谈判达成协议，实现了北平的和平解放。

大衣右侧是一支派克钢笔。这支钢笔和狐皮大衣都是国家一级文物，它的主人是第一个进入北平城内的解放军代表苏静。

天津解放后，中共中央派东北野战军参谋处处长苏静为代表，随同邓宝珊进入北平城，以便进一步沟通确定协议条款。1949年1月17日，苏静前往北平。1月18日，傅作义来到苏静下榻处并对在座的人说："你们可以一起再商定一个切实可行的和平解决的具体办法。只要有利于北平和平解决，使这个历史悠久的文化古城免遭破坏，怎样的解决办法都行，你们可以算是双方的全权代表了！"

《关于和平解决北平问题的协议》草稿拟定后，苏静电告平津总前委，转报中央军委，修改后又返回来，遂成正式协议。1月21日，苏静就用眼前这支钢笔，与傅作义方面的代表王克俊、崔载之共同在协议上签了字。

1949年1月31日，中国人民解放军正式接管北平防务，北平宣告和平

解放，城内国民党守军全部接受解放军的改编。

## 彰显坚定跟党走的决心

"为迎东风排万难，义旗终插青山巅。弃暗投明党指路，起死回生恩胜天。从今矢志勤改造，他日立功赎前愆（qiān）。任务不计多艰苦，喜看万民解倒悬。"这是董其武将军在新中国成立之日所作的诗，表达了他对于绥远起义的感慨和坚定跟着中国共产党走的决心。"后来，董其武将此诗的首尾两联抄送给老部下、好友苗玉春。我们馆藏的这份诗文手稿，正是从苗玉春处征集来的。"曹静指着一份用毛笔竖行书写的手稿介绍道。

绥远省是原塞北四省（热河省、察哈尔省、绥远省、宁夏省）之一，包括今内蒙古自治区中部、南部地区。北平和平解放后的第二天，国民党傅作义集团高级将领、绥远省主席兼绥远保安司令官董其武从绥远飞抵北平，向傅作义表达了走和平道路的意愿。傅作义即向中共方面说明了情况。1949年2月，毛泽东在接见傅作义、邓宝珊时，首次提出解决绥远问题的方式，即双方停战，沟通联络，"等待他们起义"。3月5日，毛泽东在中共七届二中全会上提出"绥远方式",并将其列为解决残余国民党军的三种方式之一。

为了顺利实现和平起义,董其武做了多方面的缜密工作。"绥远有很多傅作义的实力将领,他们心思各异,董其武虽有威望但也没法一下子让所有人同意起义。他想尽了各种办法,比如广泛开展舆论宣传,加强巩固干部、军队,积极争取社会各界支持等。9月19日,'绥远和平起义通电签字仪式'举行。"顺着曹静的指引看过去,只见签字名单上,孙兰峰的签名所占宽度最宽。曹静说,当时大部分人已经同意起义,但孙兰峰称病没来参加签字仪式。董其武率先签字后,顺手拿起一个小茶碗,扣在自己签名的后边,为孙兰峰留出空位,并让其他人往后写。经过劝导,最终孙兰峰也签了字。

董其武等39人签名后,宣告正式脱离了国民党反动派。从此,绥远军队在共产党领导下,参加了全国解放战争。1955年,董其武被授予中国人民解放军上将军衔。

展厅内,不少观众在一块四棱锥体形状的石碑前驻足,石碑上镌刻着"张云亭同志之墓""中国人民解放军东北野战军战车一团政指云亭同志山西临县人 一九四九年一月十五日于天津战役牺牲"。这是天津战役"特等坦克功臣"张云亭烈士的墓碑。他在战斗中不幸头部中弹,牺牲前,他用微弱的声音对战友说:"别管我,打到金汤桥去……"张云亭烈士被埋葬在海河边,他牺牲3年后家人才得知消息,他的兄长赶到天津,将他的棺材抬运回山西老家重新安葬。由于坟前立着的石碑太重,他们没有带回。后来,一户人家翻建房屋时发现了这块石碑,捐赠给平津战役纪念馆。

树碑昭英烈,存史启后人。平津战役中,7030名解放军指战员献出了宝贵生命。为了铭记英烈的革命精神,平津战役纪念馆在英烈业绩展厅的石板上镌刻了平津战役中牺牲的烈士名字。截至2022年5月，这里已有6844位烈士的名字，每年都在补录。

"我在'天津'了！""我终于到'北平'啦！"展厅里，几个小朋友正在体验"平津战役益智棋"。"这是投影感应互动装置，让少年儿童通过下棋闯关的方式了解平津战役历史。"曹静说，"未来，我馆将开放多维演示馆，进一步提升观众体验。希望吸引更多人走进纪念馆，了解革命历史，让红色记忆代代相传。"

（唐心怡　文）

平津战役纪念馆

吉林省自然博物馆

感受长白神韵
探索黑土奥秘

吉林省自然
博物馆

　　首批国家公园的公布，让各地自然博物馆热度空前。在吉林省自然博物馆，东北虎标本成为馆内的明星展品，不少观众排着长队只为一睹"森林之王"的风采。

　　吉林省自然博物馆暨东北师范大学自然博物馆（以下简称"吉林省自然博物馆"）始建于1987年，其前身为吉林省博物馆自然部。2001年，吉林省自然博物馆移交东北师范大学管理，形成"一馆二牌"建制。

李洋 摄

吉林省自然博物馆外观

　　独特的吉林地理元素、10万件各类标本、特色研学实践教育基地……自建馆以来，吉林省自然博物馆致力于自然资源和生物多样性的保护与研究，以提高公众自然科学文化素养和生态环境保护意识为主旨，着力打造集科普教育、收藏研究、文化交流、休闲体验于一体的现代自然博物馆。

## 长白山"搬"进博物馆

　　吉林生态环境优美，首美在长白山。吉林省自然博物馆把长白山"搬"进了馆内，让观众切身感受长白山神韵。

　　长白山拥有完整的温带山地生态系统，从山脚到山顶，随着海拔升高，气候、土壤、植被等都发生明显变化，呈现出从温带到寒带不同的自然景观。

　　吉林省自然博物馆采用仿真模拟技术，将长白山庞大的生态系统微缩到展馆中。在"山之魂""林之韵"展区，模拟的垂直景观带有6层楼之高，顺阶直上游林海、观鸟兽，"一山分四季、十里不同天"，让观众沉浸式感受大自然的奇妙。

　　首先进入的是落叶阔叶林区，这里树木参天，森林茂密，白桦与山

东北虎标本　李洋 摄

杨伴生形成独特的景观。抬头望去，树杈上栖息着两只全身金黄的黑枕黄鹂，仿佛就要一展清亮的歌喉。林荫下闪现出几只花尾榛鸡的身影。

顺着台阶往上走，一片红松林映入眼帘。这里是野生动物的乐园，长白山现有的300多种脊椎动物，绝大部分生活在这一区域。林中有一只模样呆萌的黑熊，站在树洞旁觅食。黑熊视力较差，俗称"黑瞎子"，但嗅觉较为灵敏，会游泳，甚至可以横渡急流。

随着"海拔"升高，植被从阔叶林变成针叶林。耐寒的针叶林四季常青，独特的尖塔形树冠令人称奇。一只头部细长、背上长满刚硬针毛的野猪，正张嘴露出獠牙，与对面的东北虎对峙。野猪平时胆小怕人，但防御时却异常凶猛。东北虎是国家一级保护动物，凶猛、谨慎，独来独往，没有固定巢穴。东北虎豹国家公园地处长白山支脉老爷岭南部区域，2021年10月被列入第一批国家公园名单。与东北虎形成鲜明对比的是温顺的狍子，它们胆小且生性好奇，一旦受到惊吓便会迅速奔跑逃离，但跑一段后常停下来回头张望。

台阶向上逐渐变陡，在悬崖峭壁间，一道"银河"凌空而下，这就是模拟的长白瀑布。遥看瀑布，似玉带天坠，蔚为壮观。

再往上走，严酷的自然环境使那些不惧风霜的劲松也销声匿迹，只有一片岳桦林在这里顽强地生存。在迎风坡上，由于疾风劲吹，岳桦的树干向着背风面倾斜生长，这种独特扭曲的造型，宛如艺术家精心雕塑的作品。

走向"山顶"，视线变得开阔。矮小的灌木、垫状草本植物和苔藓、地衣交织在一起，形成广阔的地毯式植被。眺望远处，可以看到长白山天池微缩景观。天池畔花团锦簇，美不胜收。由于高海拔地区紫外线强，生长在这里的花朵硕大且色彩艳丽，花期短而集中。每当花季来临，各色各样的花朵争相绽放，绚丽迷人。

## 吉林土贴上"身份证"

吉林黑土声名远扬，其实黑土是一个概括性名称，可以细分为多个土壤类别。吉林省现已探明192种代表性土壤类别。这些土壤标本齐聚吉林省自然博物馆，向人们讲述着吉林大地的沧桑变化。

在博物馆土壤研究室，一袋袋土壤标本依次悬挂排列。每个袋子上都贴有标签，这是土壤标本的"身份证"，记载着它们的标号、采集年份以及产地的经纬度。为了采集、整理这些土壤标本，吉林省自然博物馆土壤组工作人员花了6年时间。

早在20世纪60年代，博物馆老一代工作者就曾采集过一些代表性土壤标本。然而令人惋惜的是，受到当时技术水平限制，采集到的土壤标本无法长期完好保存。2014年，土壤采集工作再次启动。经过艰辛的野外采样作业，2019年，工作人员终于将全省192种代表性土壤样本全部集齐。

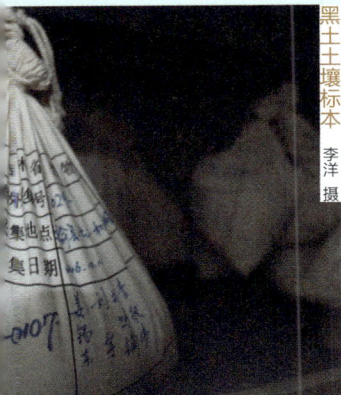

黑土土壤标本 李洋 摄

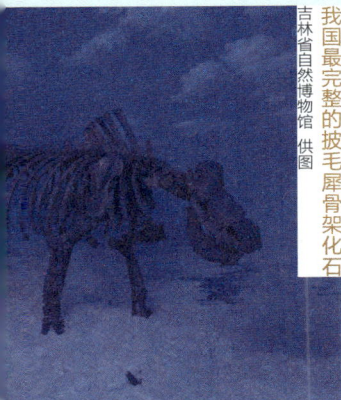

我国最完整的披毛犀骨架化石 吉林省自然博物馆 供图

原始牛骨架化石 李家鼎 摄 "镇馆之宝"——亚洲保存最完整的

采集工作结束后，还要进行测量鉴定，将土壤制作成标本，分类保藏、展示。进行这项工作的目的，就是要把"大地之母"翻译成土壤学领域的百科全书。近年来，东北地区黑土层面临变薄、变瘦的压力。博物馆的展示、介绍，旨在让公众对土壤产生科学的认识，呼吁人们在利用土壤的同时也要进行有效保护。

科学分析研究土壤样本，对于农业生产和社会生活也有重要意义。近年来，吉林大学、吉林农业大学等多所高校和研究院所与吉林省自然博物馆深度合作，探索通过研究土壤提高农作物产量、监测地区环境变化等课题。

### 增长知识　亲近自然

"大约170万年前，第四纪更新世开始，中国东北地区气候寒冷，冰天雪地。这里生活着一群耐寒的哺乳动物，它们多数身披长毛，以适应严寒气候。"在"化石世界"展区，一群初中生认真听着讲解，饶有兴趣地观察着东北第四纪灭绝动物化石。

眼前这具披毛犀骨架化石，1990年出

○四九

吉林省自然博物馆

土于吉林松原，是我国最完整的披毛犀骨架化石之一。披毛犀头上本来长有2只角，但由于是角质的角，不是骨质的，不能保存下来成为化石。在它的旁边，是一具吉林乾安出土的原始牛骨架化石。原始牛生存于距今40万—1万年的晚更新世。吉林省自然博物馆收藏的这具原始牛化石，是亚洲保存最完整的原始牛骨架化石，堪称"镇馆之宝"。

猛犸象是冰河时期的庞然大物，曾广泛分布于包括中国东北在内的北半球寒带地区。展厅里再现了猛犸象埋藏现场，猛犸象的头骨、门齿、下颌、脊椎等埋藏在土中。走进"探索之角"，通过观看影像，可以了解大型脊椎动物化石发现、发掘、修复、复原、装架的全过程。

在"蝴蝶谷"展区，来自世界各地的1000余件珍稀蝴蝶标本陈列在环形展墙上，对面的声控幻象仪生动展示着蝴蝶的一生。从各类蝴蝶的产地、特征，到蝴蝶的身体结构、防御机制等，工作人员的讲解让小朋友们

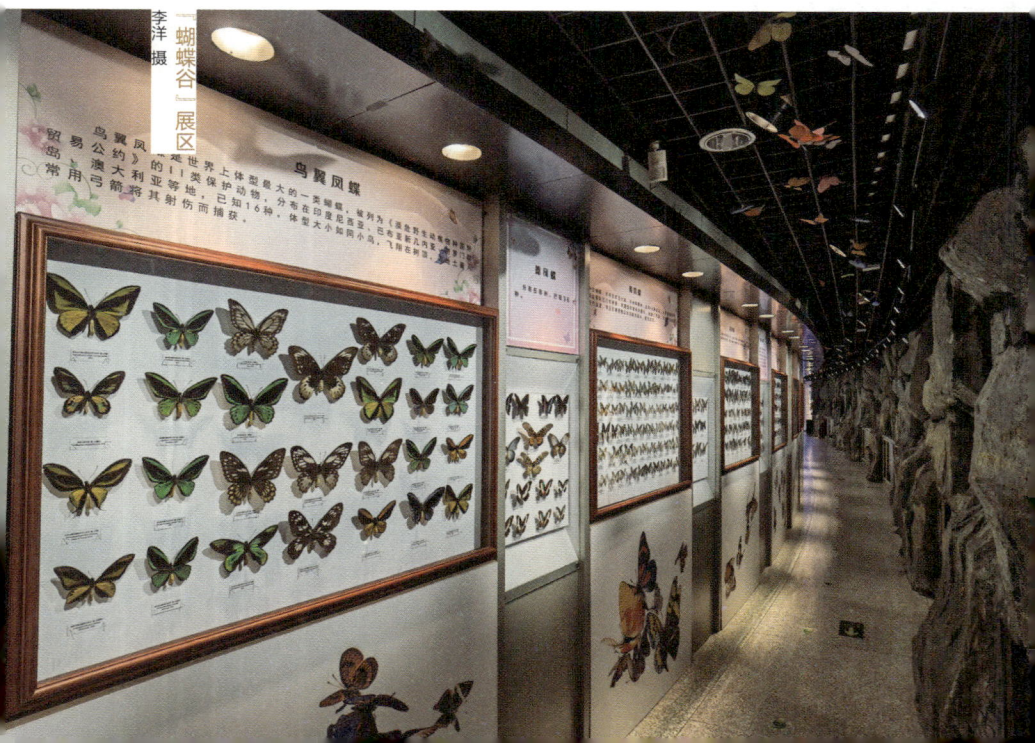

"蝴蝶谷"展区 李洋摄

听得津津有味——原来小小的蝴蝶身上竟然蕴含了这么多奥秘。

欣赏完蝴蝶标本，还可以参加"蝴蝶探秘"体验活动。小朋友们自己动手制作蝴蝶标本，手绘蝴蝶制成"邮票"，在有趣的活动中增长知识。

"蝴蝶探秘"是吉林省自然博物馆近年来主打的品牌研学实践教育活动"探秘自然"的一部分，此外，还有"奇趣甲虫""鸟类野外识别""植物奥秘"等多个主题活动。"探秘自然"让孩子们在城市里也能近距离倾听大自然的声音、感受大自然的美妙。目前，相关研学课程正积极走出展馆、走进校园，丰富学生们的文化生活，培养他们探索自然的兴趣和保护生态环境的意识。

近年来，吉林省自然博物馆结合自身优势，着力建设"全国科普教育基地""国家生态环境科普基地"。博物馆还与世界自然基金会建立合作关系，每年联合举办"地球一小时""世界老虎日"等主题教育活动。2021年7月29日"世界老虎日"，吉林省自然博物馆通过线上直播的形式，带领大家走近博物馆中的老虎，了解关于老虎的知识。

吉林省自然博物馆党委副书记李中原说："未来我馆将继续在科普教育、收藏研究、互动研学等方面下功夫，为公众增长知识、亲近自然提供更好的平台。"

（李洋 文）

青海藏医药
文化博物馆

高原上的
文化宝藏

青海藏医药
文化博物馆

　　藏医药是中国传统医药学宝库中一颗璀璨的明珠。2018年11月，联合国教科文组织将"藏医药浴法——中国藏族有关生命健康和疾病防治的知识与实践"列入人类非物质文化遗产代表作名录，藏医药文化获得世界关注。在青海西宁，有一座全世界独一无二的藏医药文化博物馆，是了解藏医药和藏文化的绝佳场所。

青海藏医药文化博物馆 供图

青海藏医药文化博物馆外观

青海藏医药文化博物馆于2006年9月开馆，由南、北两馆组成，北馆以藏医药为主题，南馆则展示丰富多彩的藏文化。博物馆建筑秉承传统藏族建筑特色，北馆采用坛城的建筑理念，南馆以转经筒和经书为造型。博物馆内设11个专题展厅和千尊药师佛殿、古籍藏书阁等，馆藏文物5万余件（套），其中国家一级文物158件。

## 珍贵的医典古籍

走进北馆，馆内陈列的6000多部藏医药古籍文献、80幅藏医唐卡、200多件古代藏医医疗器械、3000多种藏药药材标本，全面展现了藏医学的悠久历史和丰厚内涵。

藏医学藏语叫"索瓦日巴"，是生活在青藏高原的先民在积累自身医疗经验的基础上，汲取欧亚传统医学精华而形成的一门独具特色的医药学体系。距今3900多年前，古象雄（今西藏阿里普兰县一带）苯教创始人辛饶之子杰普赤西广泛吸取民间医疗经验，整理成《解毒雍仲旋》一书，为藏医学的发展奠定了基础。

吐蕃时期是藏医学史上最重要的阶段。数以百计的外族医生来藏地弘医，数以千卷计的医著被译成藏文，产生了《四部医典》《月王药诊》《甘露宝瓶》等一批迄今仍被藏蒙医生奉为圭臬的经典著作。

生于8世纪的宇妥宁玛·元丹贡布是藏医学史上最伟大的医学家。他创办藏医学院，著有30多部医学著述，其中《四部医典》历时近20年编著而成，是藏医学的必修经典。它的问世，标志着藏医学形成体系，走向成熟。

古籍文献展厅陈列着与藏医学相关的大量古籍文献，其中《金光明经》《般若经》《药物图释·白银镜》《松赞干布遗训》入选国家珍贵古籍名录。展厅里体量最大、最引人瞩目的，是一部长2米、宽1.2米、重

《四部医典》

青海藏医药文化博物馆 供图

曼唐：藏药

青海藏医药文化博物馆 供图

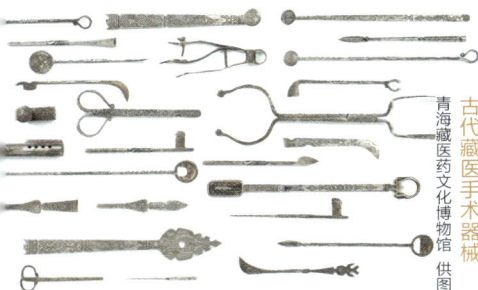

古代藏医手术器械

青海藏医药文化博物馆 供图

达1.5吨的《四部医典》手抄本，由西藏7位著名书法家和工艺美术大师历时4年创作而成。手抄本纸张采用传统藏纸制作工艺制成，原料来自狼毒花根茎，经特殊工艺处理，耐腐防蛀，能长期保存。撰写文字的颜料用金、银、珍珠、玛瑙、绿松石等多种矿物质调制而成。纸面看上去晶莹闪烁，华贵典雅。手抄本置于上好桦木制作的夹经板中，夹经板正面雕刻着上百尊形态各异的佛像，雕工精细，栩栩如生。

在藏语中，"曼巴"指医生，"曼唐"意为医药唐卡。曼唐器械展厅展出的80幅唐卡，是根据西藏藏医学院藏医药天文星算博物馆收藏的17世纪曼唐原件临摹而成，共包含6480幅彩色图案，图文并茂地展现了藏医药学精华。展厅里还有各种古代藏医手术器械，多以合金为材质，做工精巧，部分器械头部及手柄采用镀金银、错金银工艺。

在藏药标本展厅，可以看到草果、藏红花、牛黄等青藏高原常见的植物、动物类药材，还有不少珍稀药材标本。天文历算展厅介绍了藏族历算与生活、医学的紧密联系。藏医学的诊断、治疗、药物采集和炮制等都要严格遵守天时、顺应自然规律，比如脉诊的最佳时间是朝阳初露时，不同季节应采集植物的不同部位入药。

## 世界上最长的唐卡

青海藏医药文化博物馆的"镇馆之宝"，是一幅世界上最长的唐卡。据说博物馆建馆的一个重要目的，就是为了收藏、展示这幅唐卡。

这幅唐卡名为《中国藏族文化艺术彩绘大观》（上篇），长618米、宽2.5米，从策划到完成历时27年，由青海、西藏、甘肃、四川、云南五省区的400多位专家学者和工艺美术大师创作而成，画面精细、色彩绚丽、气势恢宏，被誉为"当代国宝"。

《中国藏族文化艺术彩绘大观》（以下简称《彩绘大观》）的主创者宗者拉杰，是青海省循化县文都乡一位传统工艺美术大师。他自幼学习绘制唐卡，立志要将藏民族的历史文化通过唐卡这一艺术形式表现出来。从1972年起，宗者拉杰广泛搜集资料，独自构思并绘出100多米草图。由于唐卡创作极为复杂，宗者拉杰于1996年成立创委会，聘请了几十位画家一起创作。在当地政府支持下，宗者拉杰又组建了专业工作小组，在整个藏区搜集资料，并与专家多次沟通研讨，对整体内容进行调整，将作品篇幅从300米扩展到618米。

1999年9月，《彩绘大观》上篇绘制完成，被载入吉尼斯世界纪录，并作为新中国成立50周年的贺礼在青海热贡同仁展出。这幅巨作将藏族的历史、宗教、文化、艺术、医药、天文、地理、习俗及各民族团结共荣

等内容系统、生动地展现出来。堪称藏族文化艺术"百科全图"。时任全国政协副主席阿沛·阿旺晋美题词说:"《彩绘大观》继承和弘扬了藏族特有的绘画艺术,是中华民族文化宝库中的一个瑰宝。"

此后,《彩绘大观》多次在国内外展览。青海藏医药文化博物馆建设完成后,将它陈列在北馆中。蜿蜒曲折的展线增添了观展的趣味性,让人感觉仿佛溯游于历史长河。

2005年起,宗者拉杰开始策划《彩绘大观》下篇,对上篇内容进行补充和完善。2019年,长达410米的《彩绘大观》下篇完成,上下两篇连成壮丽的千米长卷。目前,下篇的装裱已经结束,未来将向公众展示。

东汉佉卢文尺牍
王梅 摄

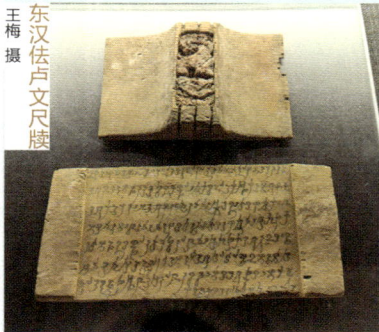

唐吐蕃时期红地团窠
对鸟纹锦袍
青海藏医药文化博物馆 供图

## 多彩的高原文化

青藏高原被称为"世界屋脊"，是中国最大、世界海拔最高的高原，包括今青海、西藏、甘肃西南部、四川西部、云南西北部等地区。这里聚居着藏、汉、蒙古、土、回、撒拉等民族，形成了以藏族文化为主的高原文化体系。

博物馆南馆的丝绸之路与青藏高原文明展厅，以丰富的文物展示了青藏高原的文明发展历程和丝绸之路的灿烂图景。展厅里有一件东汉末年的佉（qū）卢文尺牍，是国家一级文物。尺牍由胡杨木制成，分为两个部分，上页为盖，下页为函，函盒凹槽内写有佉卢文，内容涉及汉地刑罚和西域鄯善国耶婆聚落佛图军家的一份契约。佉卢文是古印度的一种文字，曾在丝绸之路上广泛传播和使用，后来失传。这件尺牍对于研究鄯善国的历史和丝绸之路上的文化交流具有重要价值。

南馆还有藏族服饰、卡垫、书法、建筑4个展厅，展现了独具魅力的藏族民俗文化。在藏族服饰展厅，一件唐吐蕃时期的红地团窠对鸟纹锦袍吸引了观众的目光。锦袍为V领，套头筒状，七分袖，两侧开衩。主体颜色为绛红色，上有黄色联珠对鸟纹图案，袖口、衣边拼接蓝底黄色连珠翼马纹锦。这件锦袍形制独特，保存完整，是一件不可多得的珍贵文物。

藏族织毯
青海藏医药文化博物馆 供图

唐吐蕃时期嵌松石立凤金头饰件
青海藏医药文化博物馆 供图

唐吐蕃时期藏族饰品"托佳"
青海藏医药文化博物馆 供图

唐吐蕃时期镀金银质人物像饰件
青海藏医药文化博物馆 供图

青海藏医药文化博物馆

　　生活在雪域高原上的藏族人民，为了防湿御寒，很早便开始制作地毯。在藏语中，"卡垫"意为"覆在上面的垫子"，其织作工艺和装饰图案具有鲜明的民族特色。卡垫展厅展出了不同规格的藏族织毯、织垫，图案丰富，色彩瑰丽，体现了藏族手工艺人的高超技艺和审美趣味。

　　除了为观众提供精彩的展览，青海藏医药文化博物馆还强化社会教育功能，依据馆藏资源开设了一系列互动性、趣味性的社教课程，承办馆校共建活动及各类研学游项目。

　　"博物馆是面向全人类的文化殿堂，青海藏医药文化博物馆不仅要讲好青海的故事、青藏高原的故事，还要讲述泛喜马拉雅地区的文明故事。"青海藏医药文化博物馆馆长艾措千说，"未来，我们的目标是建成青藏高原博物馆联盟，在联盟里做到紧密合作、资源共享和国际化交流。我们还将大力建设数字博物馆，运用先进技术，让藏文化传播得更广。"

（王 梅 文）

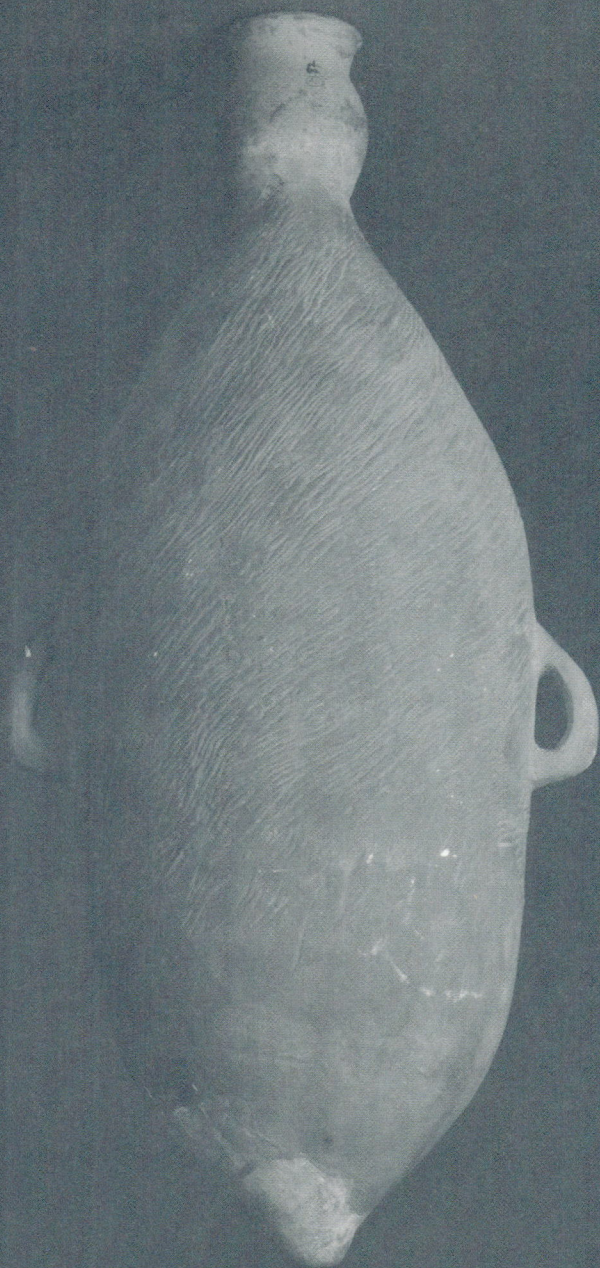

天水市
博物馆

　　"萧萧古塞冷，漠漠秋云低。""老树空庭得，清渠一邑传。"循着杜甫的《秦州杂诗》，漫步在甘肃天水，历史的厚重感扑面而来。

　　天水市位于甘肃省东南部，古称邽（guī）、上邽、成纪、秦州，有着8000多年文明史、3000多年文字记载史和2700多年建城史。从大地湾彩陶的绚丽，到大秦帝国的崛起，从丝路商贸的繁荣，到佛教文化的东渐……藏身于城中古刹伏羲庙的天水市博物馆，将天水的历史娓娓道来。

<h2 style="text-align:center">羲皇故里　文明悠远</h2>

　　天水是中华人文始祖伏羲故里，天水伏羲庙始建于明成化年间，是

伏羲庙

天水市博物馆　供图

一座保存完整、规模宏大的祭祀伏羲氏的宗庙建筑群。庙内四院相套，牌楼挺立，宏阔幽深，古柏苍郁。据说伏羲庙刚建成时，依照伏羲六十四卦栽植了64棵柏树，如今尚存几十棵。

天水市博物馆建立于1979年，1986年由天水城隍庙迁至伏羲庙，形成"馆庙合一"的格局。博物馆基本陈列以"文化天水"为主线，包括序厅和7个常设展厅。序厅名为"走进天水"，通过文化浮雕墙、沙盘、多媒体等方式，简明展示了天水伏羲文化、大地湾文化、早期秦文化、三国古战场文化和佛教石窟文化。

大地湾遗址位于天水市秦安县五营镇邵店村，是一处规模较大、保存较好、内涵丰富的新石器时代遗址，年代跨度为距今约7800—4800年。1958年，一个农民在邵店村清水河东岸台地犁地时，发现了一只色彩斑斓、造型奇异的陶罐。这个不经意的发现，让大地湾遗址进入考古学者的视野。大地湾既有房址，又有墓葬，出土了国内年代最早的一批彩绘陶器和炭化的粮食标本。天水市博物馆收藏的宽带纹三足彩陶钵，就是大地湾一期陶器，距今约7800年。

大地湾一期陶器：宽带纹三足彩陶钵
天水市博物馆 供图

天水市博物馆 供图

仰韶文化红陶葫芦口尖底瓶

展厅里，一件造型特别的陶瓶吸引了观众的目光。"这是红陶葫芦口尖底瓶，是7000年前先民们使用的汲水器。"李宁民介绍，这种陶瓶的瓶底尖，容易入水，入水后又因浮力和重心下移，自动横起灌水。同时，由于口小，搬运时水不易溢出。小口尖底瓶是仰韶文化最典型的器物之一，体现了先民们的聪明才智和高超的制陶工艺。

## 秦人故园 吉金留史

天水是秦人和秦文化的发祥地。秦人曾"在西戎，保西垂"，东进北伐，封侯建国，最终完成一统天下大业。公元前688年，秦人在天水设立邽县，这是史书记载的中国第一个建制县。天水地区先后出土了大量铸造工艺精湛的春秋战国至秦代的青铜器，其中最重要的当属秦公簋。

秦公簋是春秋时代的器物，由簋身和盖两部分组成。盖缘及器口下饰勾连形蟠螭纹，腹部饰瓦纹。双耳有兽首装饰，圈足饰波带纹。器盖和器内分别铸有50余字铭文，记述了秦人先祖的历史，勉励子孙后代继承前辈事业，永保四方土地。器盖还有秦汉时期后刻的铭文，记录了此簋在秦汉时为西县官物，曾被当作容器使用。

秦公簋原件藏于国家博物馆，天水市博物馆的这一件是由国家博物馆1986年复制的。秦公簋上的铭文为研究秦国历史和社会状况，尤其是秦人在天水一带的创业史提供了难得的资料。

天水在秦文化的形成、发展中具有重要地位，发生过庄公伐戎、襄公建国等秦国早期的重要历史事件。天水市博物馆藏有春秋时期的环带纹铜鼎、瓦纹铜匜（yí）等秦文化器物。铜匜是先秦礼仪活动中洗手用的器具，形制类似于瓢。天水市博物馆展出的这件瓦纹铜匜1993年出土于天水市秦州区，器形规整，纹饰简洁，具有春秋时期秦文化典型特征。

汉武帝时期，张骞从长安出发，翻越关山，出使西域。丝绸之路的开通，让东西方文明的交流愈加频繁。天水作为进出长安、连接河西走廊和西域的重要关隘，是保障丝绸之路畅通的军事重镇。从关中到天水的关陇古道上，至今还存有当年的古驿站、堡寨遗迹。天水市博物馆收藏的汉

春秋时期瓦纹铜匜
天水市博物馆 供图

明代刘海戏金蟾铜熏炉
天水市博物馆 供图

十六国时期青铜坐佛造像
天水市博物馆 供图

代画像砖、博山炉、铜壶、铜镜、金带扣等，反映了当时社会生活的方方面面。

三国时期，天水是魏蜀汉方争夺的战略要地，有"得陇望蜀"之说。诸葛亮六出祁山，姜维九戈中原，围绕争夺天水，发生了多场著名的战役，形成了丰富的三国古战场文化。

天水也是佛教从西域传入中原的重要节点之一。大批僧侣经停天水，译经传教，开窟造像，留下了麦积山石窟等佛教艺术瑰宝。馆藏的十六国时期（304—439年）青铜坐佛造像，是研究陇东南地区佛教早期艺术的珍贵资料。这尊造像高10.6厘米，头顶半圆形高肉髻，面形丰圆，弯眉细目，鼻直唇厚，神情庄严肃穆。

## 丝路重镇　文化交融

丝绸之路的发展，带动了天水经济文化的繁荣。盛唐时期，天水是西出长安的"千秋聚散地"，史书载"富庶者无如陇右"。北宋时期，天水成为西北边贸中心，熙宁七年（1074年），朝廷在秦州（今天水）设茶马司，专门负责与西北少数民族的茶马交易。

你知道粟特人吗？天水市博物馆的"镇馆之宝"，就是反映粟特人文化的围屏石榻。粟特人是源于中亚阿姆河与锡尔河一带的古老民族，以擅长经商闻名于世，他们活跃在丝绸之路上，留下了许多传奇故事。1982年，天水市秦州区石马坪发现一座古墓，出土了一具围屏石榻和一组随葬品。石榻后来被国家文物鉴定委员会定为"国宝级"文物。

天水市博物馆专门安排了一个展室来陈列这件珍贵的石榻。它由大小不等的17方画像石和8方素百石条组成床座、床板和屏风，通高1.23米、宽1.15米、长2.18米，床座左右两侧有两头蹲坐的石雕神兽。石榻雕工精湛，饰以红彩，外施贴金，十分华丽。屏风上刻画了宴饮、出行、酿

酒、狩猎等场景，反映了墓主人生前的生活，其中酿酒图和粟特人的赛祆活动有关。床座正面壸门内有6个男性乐伎形象，下层有6只畏兽。畏兽是古人认为具有避邪作用的猛兽，它两臂生翼，双手向上托举，带有中亚祆教艺术元素。这件石榻是北朝至隋时期国内为数不多的粟特人葬俗遗物，反映了丝绸之路开通以来东西方经济文化交流的繁荣。同时出土的还有一方墓志铭、5个坐式乐伎俑和鸡首壶、烛台、金钗、石枕、铜镜等。

唐代瑞兽葡萄纹铜镜也是该馆馆藏的珍品。葡萄是从西域传入的物种之一，唐代时普及于中原，成为铜镜上常见的纹饰。这面铜镜采用高浮雕工艺，极具立体美感，是唐代铜镜的杰出作品。瑞兽纹和葡萄纹都传递着美好的寓意，体现了中西方文化的交融。

"这匹马就像是活的！"随着观众的惊叹声望去，只见一匹骏马长鬃披颈，昂首张嘴，头微微侧向一边，三足立于平板之上，前左蹄弯曲提起，仿佛在随着音乐起舞。这件陶舞马出土于天水市秦州区北山顶，是国家一级文物。舞马最早起源于魏晋南北朝时期，至唐代时最盛，宫廷中专门驯养舞马供皇帝玩赏。每逢唐玄宗生日，几百匹舞马表演助兴，场面极

唐代瑞兽葡萄纹铜镜
天水市博物馆 供图

唐代陶舞马
天水市博物馆 供图

为壮观。栩栩如生的陶舞马，仿佛将人带回盛唐长安。可惜安史之乱后，唐帝国由盛转衰，舞马这种表演形式也逐渐消失。

宋代瓷器发展繁荣，形成了定窑、耀州窑、磁州窑、钧窑、汝窑、龙泉窑和景德镇窑等窑系，多姿多彩的瓷器成为丝绸之路上的重要商品。天水历来是西北地区商贸重镇，瓷器在天水流通量非常大。天水市博物馆"范金琢玉——耀州窑瓷器专题陈列"展示了耀州窑青瓷高超的烧制水平和独特的艺术魅力，也从一个侧面折射出古代天水的商贸发展状况。

"为文明传承守望，为城市留存记忆。"天水市博物馆经过40多年的发展，已形成了集天水市博物馆、伏羲庙、天水民俗博物馆于一体的综合性文化遗产单位，向海内外观众展示着天水源远流长、丰厚璀璨的历史文化。

（王锦涛 文）

西安碑林博物馆

名碑石经
甲天下

　　沿着西安永宁门东侧的城墙漫步，行不多远，便会遇见一座绿树掩映、古朴典雅的庭院式古建筑群，它就是西安碑林博物馆。

　　西安碑林博物馆始建于1944年，是陕西最早创建的博物馆。其源头可追溯到具有900多年历史的西安碑林。西安碑林于北宋元祐二年（1087年），为保藏唐《开成石经》〈石台孝经〉及颜真卿、柳宗元等人的书法

名碑而兴建，崇宁二年（1103 年）迁于现址。经历代维修及增建，规模不断扩大，藏石日益增多，最终建成一座以收藏、研究和陈列历代碑石、墓志及石刻造像为主的专题性艺术博物馆。

博物馆占地约3.5万平方米，形成了前有孔庙、中有碑林、西有陵墓石刻、东有佛教造像的"一轴两翼"式展陈格局，馆藏文物 1万多件，其中国宝级文物 19 组 134 件。这里藏品浩瀚，名碑如林，被誉为"东方文化的宝库""书法艺术的渊薮""汉唐石刻精品的殿堂""世界最古的石刻书库"。

## 千年文脉传承

走进西安碑林博物馆大门，首先映入眼帘的是西安孔庙旧址。西安孔庙唐时在尚书省西隅国子监附近，宋代几经搬迁，后随碑刻迁建于"府城之东南隅"，使孔庙、碑林、府学同在此地。如今我们看到的多为明清建筑遗存，砖红的照壁、高大的太和元气坊、古朴的泮池、肃穆的棂星门、庄严的戟门，让人浮想孔庙昔日的恢宏壮丽。

迈过戟门，可以看到东西两侧各陈列着一件国宝级文物。东侧是一口青铜大钟，因铸成于唐景云二年（711年），故得名景云钟。西

唐代景云钟 西安碑林博物馆 供图

十六国时期大夏石马 西安碑林博物馆 供图

唐代《石台孝经》 西安碑林博物馆 供图

安碑林博物馆讲解员白雪松介绍，中国目前有195件珍贵文物被列入《禁止出国（境）展览文物目录》，藏于西安碑林博物馆的就有3件，景云钟便是其中一件。景云钟重约6屯，高247厘米，口径呈别致的六角弧形，从上到下分成3层18格，格内分别雕刻飞天、翔鹤、走狮、腾龙、朱雀等精美纹饰。钟顶端饰有一只蹲兽"蒲牢"，相传为龙生九子之一，喜爱音乐、善于嘶鸣。钟身正面292字的骈体铭文，由唐睿宗李旦亲自撰文并书写，是李旦鲜有的传世字迹中的佳作。景云钟最初悬挂于唐长安城景龙观的钟楼上，历经千年沧桑，依然有着清亮浑厚的金石之声。据介绍，为保护景云钟，现在已不再敲击。中央人民广播电台曾对景云钟进行录音，每年除夕之夜作为辞旧迎新的钟声播放。

与景云钟相对的是大夏石马，体态匀称，雄浑健壮。马前蹄中间刻有"大夏真兴六年……大将军"字样。大夏是十六国时期匈奴贵族赫连勃勃在陕北统万城建立的政权，存世仅24年（407—431年）。据考证，大夏石马出土位置可能是赫连勃勃长子赫连瑛府衙遗址。它是现存唯一有大夏纪年的文物，填补了这一时期文物史料的空白。

沿着中轴线往北，来到碑林的标志性建筑碑亭。碑亭红绿相间，双层飞檐，牌匾上"碑林"二字为清代名臣林则徐题写。亭中矗立着西安碑林迎客第一碑——《石台孝经》。《石台孝经》刻立于唐天宝四年（745年），碑身由4块青石组合而成，碑底有三层石台阶。石台上的蔓草瑞兽、碑首四面的瑞兽浮雕、美轮美奂的卷云花冠，彰显着盛唐碑刻艺术的精妙。这座石碑最为珍贵之处在于它的文字。其碑文为唐玄宗李隆基亲自以隶书抄写的孝经，碑侧有唐玄宗作的行书批注，正面碑额由太子李亨（后来的唐肃宗）篆书题写，融汇两代天子不同书体于一身。《石台孝经》以其独特的形制、经典的内涵、精美的帝王书法，在古代碑刻中独树一帜，价值非凡。

# 名家书法林立

在碑亭之后，依序分布着碑林的七大展室，展出了碑林所藏的碑刻精品。西安碑林藏有汉代至民国碑刻、墓志4000余方，数量为全国之最，藏品时代序列完整，时间跨度达2000多年，展现了中国文字发展和书法演进的轨迹，映射出不同时代的艺术水平和精神追求。

西安碑林是书法爱好者的圣地，这里集中了历史上诸多杰出书法家的传世名作，字体全、质量精、数量多。由于大部分作品纸本已损毁或遗失，只留碑刻，这些石碑更显珍贵，成为书法研究、临摹研习的范本。

唐代张旭《肚痛帖》
西安碑林博物馆 供图

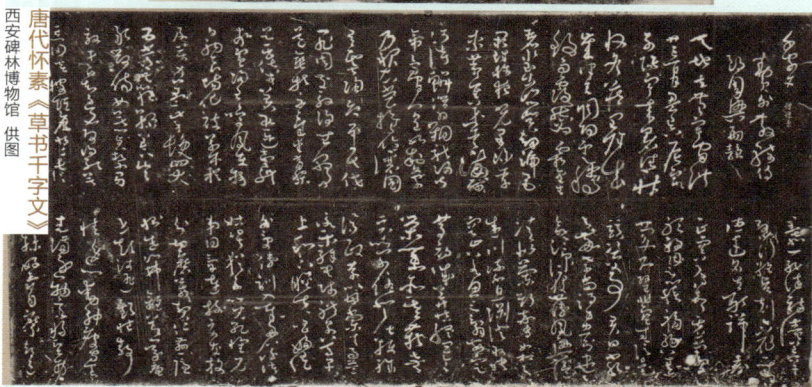

唐代怀素《草书千字文》
西安碑林博物馆 供图

东汉隶书《曹全碑》流宕俊美，是现存汉碑中最为秀美的珍品佳作。魏晋南北朝时期的《广武将军碑》《邓太尉祠碑》《司马芳残碑》体现了隶书向楷书过渡的风格。唐代名家作品最为丰富。欧阳询《皇甫诞碑》、虞世南《孔子庙堂碑》、褚遂良《同州圣教序碑》、柳公权《玄秘塔碑》、颜真卿《多宝塔碑》《颜家庙碑》等皆为楷书典范之作，张旭《肚痛帖》、怀素《草书千字文》让人一窥"颠张醉素"的纵逸豪放，李阳冰《三坟记碑》再现篆书风采。唐以后的书法名家，如苏轼、米芾、赵佶、赵孟頫、祝允明、董其昌等亦有书迹留存。

唐代《大唐三藏圣教序》
西安碑林博物馆 供图

怀仁集王羲之《大唐三藏圣教序》是颇有特色的一件珍品。此碑将唐太宗李世民、佛学家玄奘、"书圣"王羲之联系在一起，因此被称为"三绝碑"。碑文内容包括唐太宗李世民为玄奘法师翻译佛经撰写的序文、答敕，太子李治作的记、答词，玄奘法师谢表和所译的心经。唐长安弘福寺僧人怀仁从王羲之书法作品中精选出《大唐三藏圣教序》包含的字，有一些实在找不到的字便拆偏旁部首来组合，历时20多年集成此碑，再现了王羲之秀劲超逸的书风。

除了汇聚历代书法精粹，许多碑刻文字记载了典章经制、历史事件、地理风貌等，具有重要的史料价值。

《开成石经》是现存最厚最重的一部石质图书。从东汉灵帝熹平四年所刻的熹平石经起，中国历史上共有7次刻经，除清代乾隆石经因距今较近保存较好外，其余6次刻经里唯有唐开成二年（837年）刻成的石经至今仍保存完好。《开成石经》历时7年刻成，共114方，282面，65万余字，包括《周易》《尚书》《诗经》《周礼》等12部儒家经典和《五经文字》《九经字样》儒经字样典籍。它被誉为"古本之终，今本之祖"，对研究经学史、政治史、书法史等有着极大的价值。

《大秦景教流行中国碑》是西安碑林博物馆国际知名度最高的碑。白雪松介绍，"大秦"是中国古代对罗马帝国及近东地区的称呼，"景教"指基督教的一个派系。此碑刻立于唐建中二年（781年），较为详尽地记述了景教的基本教义及其在中国近150年的传播史，是迄今能够看到的最早的中国基督教文献。《大秦景教流行中国碑》印证了东西方文化交流的历史，反映了中华文明兼容并蓄的气质，因其独特的历史价值，被列入首批禁止出国（境）的文物目录。

## 石刻精品荟萃

在西安碑林博物馆不仅可以鉴赏名碑，还能看到形式多样的石刻艺术品。博物馆中轴线左侧的石刻艺术室，匾额为陈毅元帅所题，室内陈列的主要是陕西出土的汉代至明清陵墓石刻，闻名中外的"昭陵六骏"便展示于此。

"昭陵六骏"是唐太宗李世民陵园内的石雕，以李世民开国征战时骑过的6匹骏马为原型，马像蓝本由唐代著名画家阎立本绘制。每匹骏马浮雕均由整块巨石雕琢而成，刀法圆润，刻工精细。骏马姿态神情各异，有的踏出仪仗步伐，有的做奔驰状，有的身中数箭，生动表现出战马驰骋沙场的壮烈情景，传达出勇毅忠诚、无往不前的精神气质。据介绍，"昭

唐代"昭陵六骏" 西安碑林博物馆 供图

陵六骏"中的"飒露紫""拳毛䯄（guā）"早年流失海外，馆内展示的是复制品。西安碑林博物馆收藏的"特勤骠""青骓""什伐赤""白蹄乌"均被列为禁止出国（境）展览文物。

　　石刻艺术室中还有东汉双兽、汉画像石砖、唐李寿石椁及墓志、唐献陵犀牛石雕等精品。在一尊造型独特的石棺前，白雪松驻足介绍："这尊石棺发现于目前保存最完整、规格等级最高的隋代墓葬——李静训墓。李静训，字小孩，她拥有隋与北周两朝皇室血统，深受宠爱，却在9岁夭折，皇室只能用隆重厚葬来寄托哀思。"石棺呈面阔三间的殿堂式造型，雕刻逼真精致。隋代宫殿没有存世，李静训石棺为研究隋代宫殿建筑形制提供了重要参考。

　　2010年建成的新石刻艺术馆以"长安佛韵"为主题，展出150余件北

隋代李静训石棺
西安碑林博物馆 供图

〇七六

魏至宋代的石刻造像，体现了长安地区佛教造像的典型样式。在这里，可以看到融佛道形象于一体的北魏造像碑、肃穆优雅的北周五佛、有着"东方维纳斯"美誉的唐代汉白玉菩萨残像等。2011年，"长安佛韵"展荣获全国博物馆十大陈列展览精品奖。

近年来，西安碑林博物馆不断探索活化馆藏资源、弘扬传统文化的新方式。中华传统节日主题教育活动让孩子们重温传统节俗，感受文化熏陶。线上展览、线上教育课程、AR系列社教读本等一经推出就备受好评。2021年2月，西安碑林博物馆在"淘宝直播云春游"中人气爆棚，讲解员白雪松也因此"火出了圈"，成为文博领域的"顶流"主播，其直播观看量超过几百万人次。未来，西安碑林博物馆将在"互联网+文博"上持续发力，运用先进技术、新颖形式传播中华优秀传统文化。

（党亚杰　文）

西安碑林博物馆

# 展现锦城瑰丽与厚重

成都博物馆

6月的成都，花木绚烂，惠风和畅。矗立于天府广场西侧的成都博物馆，外形为独特的几何立面造型，简洁大方，与广场周围的四川省图书馆、四川美术馆、四川科技馆等建筑共同构成底蕴丰富的城市文化空间。

成都博物馆有60余年建馆史。2016年6月，成都博物馆新馆对公众开放。新馆建筑面积约6.5万平方米，展陈面积约2万平方米，是目前西南地区规模最大的城市博物馆。成都博物馆现有藏品近30万件，涵盖青铜器、金银器、画像砖、石刻、陶瓷器、书画、家具、皮影、木偶、动植物标本等，皮影收藏独具特色，是目前世界上收藏皮影数量最多、种类最全、品质最优的博物馆。

## 悠悠古蜀

成都博物馆馆长任舸说："成都有着悠久而灿烂的文化史。打造个性化的历史陈列，展现成都独特的历史发展脉络，是成都博物馆作为地方综合性博物馆的天然使命。"

宝墩文化陶敞口圈足尊　成都博物馆　供图

宝墩文化陶宽沿平底尊　成都博物馆　供图

商周时期铜龙形钮盖　成都博物馆　供图

"成都历史文化陈列"以杜甫名句"花重锦官城"为题，抒写成都历史的厚重与瑰丽，彰显开放、包容、多元的城市品格。

走进"先秦时期的成都"展厅，形态多样的陶尊引人注目。这些陶尊出土于距今4500—3700年的宝墩文化城址群，有宽沿平底尊、盘口圈足尊、敞口圈足尊等器型，器口及器身外壁多饰有弦纹、细线、附加堆纹、戳印纹等。宝墩文化城址群的发现和确认，确立了成都平原长江上游文明起源中心的地位。

前身直立、前肢撑地、身体盘曲，展柜里这件铜龙形钮盖上龙的造型，与三星堆遗址1号祭祀坑出土铜爬龙柱形器上龙的造型十分相似。铜龙形钮盖出自成都金沙遗址，年代约为商周时期。金沙—十二桥文化是继三星堆文化之后，古蜀文明发展史上的又一次高峰。

"这是战国船棺，考古学家称之为'载魂之舟'。"讲解员介绍，它们出土于成都商业街，宏大的墓坑内发现葬具17具，其中船棺9具，棺内未发现人骨。眼前的船棺长约4.53米，宽0.8—0.9米，高约0.6米。棺的前段由底部向上斜削，略为上翘，形如船头，在其两侧各凿有一个半圆形的孔。棺内随葬有陶器，还有大量制作精美的漆木器，包括家具、生活用具、兵器附件等。这些漆器的发现，表明战国时期成都地区的漆器工艺已经相当发达。

## 富庶天府

在"两汉魏晋南北朝时期的成都"展厅，众多珍贵文物展现了"天府之国"的繁荣富庶。秦并巴蜀后，李冰建都江堰；至两汉时，成都平原"水旱从人，不知饥馑"，有"天府"之美誉。

成都曾家包汉墓出土的两方庄园生产、生活画像石，真实再现了东汉时期成都平原沃野千里，豪强大族庄园内种植业、水产业、牧业、酿造业、织造业等并行发展的繁荣景象。画像石上层为山间狩猎场面，中央为兵器架，架上置叉、戟、锸、刀、弓箭、盾牌等。下层为酿酒图，描绘了汲水、运粮、烧煮、装坛发酵的完整酿酒过程。

一件件充满喜感的乐舞杂戏陶俑，是两汉时期成都繁华安乐的写照。放置于独立展柜里的陶俳优俑堪称"网红"文物。陶俑坐在一个圆形坐垫上，上身袒露，一脚前蹬，左手执鼓，右手握拳，耸肩大笑，模样十分生动有趣，具有强烈的艺术感染力。

东汉陶俳优俑
成都博物馆 供图

"咱们老祖宗真有智慧！"在西汉木织机模型前，不少观众啧啧赞叹。它们出自成都老官山汉墓，有滑框型一勾多综提花织机、连杆型一勾多综提花织机两种，结构复杂精巧，是迄今发现的世界上最早的提花织机模型，代表了当时中国织锦技术的最高水平。织机模型出土时，一些部件上残存丝线和染料，现场还有漆木人俑，应为织工，再现了扬雄《蜀都赋》中描绘的蜀锦生产盛况。汉代蜀锦誉满天下，通过丝绸之路远销四方。提花织机的推广使用，对中国乃至世界的丝织业发展起到了巨大的推动作用。

老官山汉墓中还发现了经穴漆人。漆人裸身直立，五官清晰，通体髹黑漆，身上阴刻51条经络线路、117个腧（shù）穴点，并刻有

西汉滑框型一勾多综提花木织机
成都博物馆 供图

西汉连杆型一勾多综提花木织机
成都博物馆 供图

"心""肺""胃""肾""盆"等小字。经穴漆人是迄今发现最完整的人体经络模型，体现了汉代经脉针灸发展水平。同时还出土了900余枚医学竹简，目前整理出5部医书，其中《脉书·上经》有专家认为可能是失传的中医扁鹊学派经典书籍。

## 喧然名都

"喧然名都会，吹箫间笙簧。"杜甫在《成都府》中描绘了成都歌舞升平的热闹场面。唐代后期，随着国家经济重心南移，成都与江南新兴商业城市扬州共同成为"号为天下繁侈"的经济中心，有"扬一益二"之誉。

展厅里的唐代蜀锦，从一个侧面反映了唐代成都的工艺水平和文化风貌。眼前这件团窠对兽纹夹联珠对鸟纹半臂，长80厘米，宽65厘米，由两部分组成，黄地的部分是蜀锦，红地的部分是粟特锦，又叫波斯锦，颜色艳丽，久不褪色。这件织物中西合璧，是唐代中西方经贸文化交流的印证。另一件宝相花纹半臂，图案为唐代流行的宝相花，由盛开的花朵、叶片等组成团状花形，尽显富丽华贵的大唐气象。

五代彩绘陶吹排箫俑　成都博物馆 供图

宋代定窑白瓷孩儿枕　成都博物馆 供图

　　唐末五代时期，成都地区歌舞宴饮之风盛行。后蜀宋王赵廷隐墓出土的伎乐俑数目众多，神态各异，全身彩绘，且加以描金装饰，是迄今所见西南地区最精美的彩绘陶质伎乐俑组合。其中的彩绘陶吹排箫俑，头梳高髻、插花钿，身着外红内白的双层褙（bèi）子，双手持排箫，放于嘴边做吹奏状，神情专注，仿佛沉浸在美妙的音乐世界中。

　　宋代成都是西南地区最大的商品集散地，世界上最早的纸币"交子"就诞生于此。伴随着经济繁荣，市民生活也更加多姿多彩。成都出土的宋代文物种类丰富，其中不少与下棋、品香、点茶、插花等生活时尚相关。成都天府新区万安镇宋代砖室墓中发现的一套青铜象棋子，共有30枚，比现代中国象棋少2枚"象"、1枚"炮"，多1枚"卒"。据文献记载，象棋早在战国时期就已产生，至宋代已经家喻户晓，广受欢迎。宋墓中随葬的象棋，印证了象棋在宋代的流行。宋人讲究生活美学，作为日用品的宋瓷，以清丽雅致著称。定窑白瓷孩儿枕是宋瓷中的精品。一个白白胖胖的小孩侧身安睡，表情自然宁静，栩栩如生。瓷胎细腻，釉色白中发暖，给人以柔和温馨的美感。

## 多彩展览

近年来，成都博物馆把打造富有特色的临展体系作为重点工作，围绕展览开展多元化的公共活动。

成都博物馆采取策展人制的工作模式，鼓励自主策划原创性展览，对于引进外展、巡展亦努力体现本馆策展特色，避免"千展一面"，现已形成"辉煌成都""艺术典藏""多彩文明"系列展览品牌。截至2022年5月，成都博物馆共举办特展30余场，其中不乏"丝路之魂：敦煌艺术大展暨天府之国与丝绸之路文物特展""光影浮空：欧洲绘画五百年""列备五都——秦汉时期的中国都市"等具有广泛影响力的中外文化大展。超千万观众走进成都博物馆，共享文化盛宴。

成都博物馆多次开展"天府文化进校园"活动，针对不同学龄段学生研发多样化的博物馆课程，搭建形式丰富、内容优质的馆校合作平台。自2020年9月起，成都博物馆推出针对青少年的周末夜间活动"周末儿童博物馆"，很受孩子们欢迎。

成都博物馆还积极构建新媒体传播矩阵，运用漫画、微视频等生动活泼的形式讲述文物故事。成都博物馆官方微信粉丝量达100万，位居全国城市博物馆前列。

2019年，成都博物馆常设展"花重锦官城——成都历史文化陈列"荣获"全国博物馆十大陈列展览精品奖"。2021年，"影舞万象　偶戏大千——中国皮影木偶展"又获此殊荣。任舸表示，未来成都博物馆将围绕自身藏品优势，推出更多更好的展览、社教活动及文创产品，打造区域交流、文明互鉴、古今融合的城市文化客厅。

（刘裕国　文）

巴渝文脉
源远流长

重庆中国
三峡博物馆

走进重庆渝中半岛，长江、嘉陵江在此交汇，如月牙般环抱。跨江眺望，人民大礼堂、人民广场、重庆中国三峡博物馆矗立于主轴线上，组成城市标志性建筑群。

重庆中国三峡博物馆前身为1951年成立的西南博物院。2000年，为承担三峡文物保护工程大量文物抢救、展示和研究工作，经国务院批准设立重庆中国三峡博物馆。2005年新馆正式开放，2008年入选首批国家一级博物馆。

重庆中国三峡博物馆由主馆、重庆白鹤梁水下博物馆、重庆宋庆龄纪念馆、三峡文物科技保护基地和涂山窑遗址5个场馆组成，馆藏文物11.6万件（套）、古籍善本2万余册。主馆常设"壮丽三峡""远古巴渝""重庆城市之路""抗战岁月""巴蜀汉代雕塑艺术""历代瓷器""历代书画""历代钱币"等展览。作为"巴蜀文化旅游走廊新地标"，重庆中国三峡博物馆年均服务观众超300万人次。

## 青铜重器，诉说神秘巴国

走进重庆中国三峡博物馆大门，首先映入眼帘的是"十大镇馆之宝"之一的乌杨阙。阙是古代宫殿、祠庙或陵墓前具有表征意义的楼观建筑，常左右成对。这对东汉石阙出土于重庆忠县乌杨镇将军村，造型挺拔巍峨，阙身及楼部雕刻有青龙、白虎、凤鸟等纹饰，是目前重庆和川东地区唯一保留有子阙的石阙。

在博物馆一楼的"远古巴渝"展厅，可以看到著名的"巫山人"左下颌骨化石。这块化石1985年出土于巫山龙骨坡遗址，年代为距今200万年左右，是中国境内迄今发现最早的人类化石，为探索东亚地区人类起源提供了重要资料。

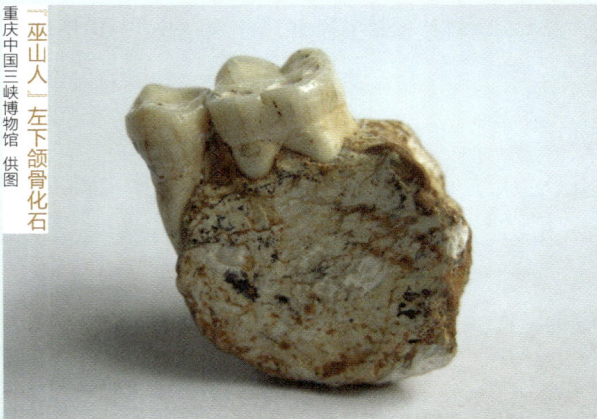

巴国是巴渝地区的一个神秘古国。据文献记载，巴人参加了讨伐商纣王的战争，因功封爵，成为周朝的藩国。学者们推测这时的巴人居住在鄂西地区或江汉平原上。春秋时期，巴国在与楚国的战争中失败，被迫向三峡地区撤退，建立了现在我们所熟知的巴国。巴人在学习外来先进青铜文化和自行探索之中创造了独具特色的青铜文化。重庆中国三峡博物馆收藏了数量众多的巴国青铜器，战国虎钮铜镎（chún）于便是其中的珍品。

"1989年我大学毕业，同年这件宝贝在万县地区甘宁乡（今重庆万州区甘宁镇）出土，可以说，它和我在博物馆的'工龄'是一样的。"重庆中国三峡博物馆文博研究员彭学斌说。

"这件镎于是在水坝泄洪时被发现的，当地人一度认为它与三国时期东吴大将甘宁有关，但经过考证，发现它比甘宁还要大几百岁，是战国时期的青铜重器。"彭学斌介绍，镎于为古代打击乐器，始于春秋时期，盛行于战国至西汉前期，在长江流域及华南、西南地区都有发现，尤以巴人故地发现最为集中，堪称巴文化最具代表性的青铜乐器。

此镎于重约30公斤，钮为虎形，栩栩如生，不怒而威。盘内虎钮周围分布着五组纹饰，分别为：椎髻人面纹、羽人击鼓与独木舟纹、鱼与勾连云纹、手心纹、神鸟与四叶纹。它造型厚重，音质优良，有"镎于王"之美誉。虎形钮是巴人虎崇拜的例证，虎钮周围的纹饰也带有巴文化的特

战国虎钮铜镎于（局部）

动脉影 摄

征，其中的羽人击鼓与独木舟纹被选为重庆中国三峡博物馆外墙浮雕的中心图案。

战国鸟形铜尊也是一件颇具特色的青铜器。它出土于涪陵小田溪巴人贵族墓地，整体呈鸟形，具有鱼嘴、鹰喙鼻、兽耳、凤冠、鸽身、鸭脚等特征，通体饰细密的羽纹，专家判断羽纹上原来嵌有绿松石，可惜早已脱落。青铜尊本是酒器，这件尊除了鱼形嘴之外，器身上却没有灌酒的孔，不具备容器的实用性，应系学习中原地区鸟兽尊的形制而作。此器造型、纹饰十分精美，铸造难度很高，是体现巴人审美情趣和工艺水平的精品。

## 石碑题刻，见证三峡变迁

长江三峡是远古地质运动形成的奇特地貌景观。三峡由雄伟险峻的瞿塘峡、幽深秀丽的巫峡、滩多水急的西陵峡组成，西起重庆奉节白帝城，东至湖北宜昌南津关，全长193公里。自古以来，三峡地区留下了绚烂多彩的历史文化遗迹、神话传说和瑰丽诗篇，成为中国文化史上的盛景。

战国鸟形铜尊
重庆中国三峡博物馆 供图

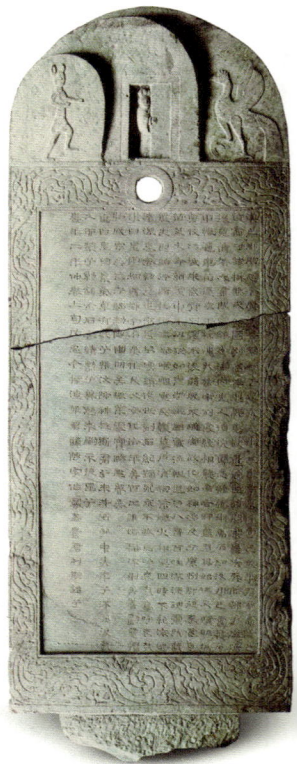

东汉巴郡朐忍令景云石碑
重庆中国三峡博物馆 供图

走进"壮丽三峡"展厅，一块古朴的石碑吸引了观众注意。"这是三峡地区唯一出土的汉碑，且品相极佳，在全国范围内都属罕见。"重庆中国三峡博物馆研究部副主任刘兴亮介绍，这块碑出土于三峡库区云阳县旧县坪遗址，是东汉朐（qú）忍（今重庆云阳）令雍陟于熹平二年（173年）为纪念70年前的朐忍令景云而立。碑文共有367字，记述了景云祖先的迁徙史、三峡腹地的故事、景云的政绩等。景云碑记录了三峡地区的政治、地理、移民等史实，而且书法美、雕刻精，具有很高的历史、文化和艺术价值。

三峡地区留存着众多水下题刻，为长江水利、航运提供了可靠的水文资料，也是宝贵的文化遗产。位于重庆涪陵区城北长江江心的白鹤梁，有着"世界第一古代水文站"的美誉。白鹤梁现存的165段题刻，记录了自唐广德元年（763年）以来72个年份的枯水水文信息，并反映了当地气候、人文和社会生活情况。白鹤梁上还有黄庭坚、朱熹、庞公孙、朱昂、王士禛等文人墨客的诗文题刻，弥足珍贵。

白鹤梁常年淹没于江水中，仅在冬春枯水季露出水面，有的题刻甚至几十年才露面一次。如今在博物馆中，人们就能见到白鹤梁题刻的真貌。展厅里展示的题刻石块，是从白鹤梁上掉落下来的。

2018年，刘兴亮主持了重庆江津区莲花石题刻的拓片工作。"莲花石上的题刻记录了南宋乾道中期至1937年近800年间的长江枯水水位情况，是重要的国家水文资料。"刘兴亮介绍，历史上莲花石可考证的出水次数仅有17次，1987年与2007年石刻曾两次出水，椎拓工作主要是在1987年进行，但所获甚少。"2018年莲花石再度出水，这样的机会是可遇不可求的。团队中有的老师从事文物保护工作几十年，竟也是第一次接触题刻原石。"刘兴亮带领团队在48小时内抢拓出10张精品拓片，为难得一见的题刻留下了宝贵记录。

## 书画古琴，记录艺坛风雅

拾级而上，来到四楼，"百川汇流——重庆中国三峡博物馆建馆70周年书画精品展"吸引了不少观众入场参观。展览汇集了70余件（套）馆藏书画精品，其中不乏夏昶、沈周、文徵明、唐寅等名家作品，而最令人瞩目的当属南宋《杂景院画》。

"第一次见到馆里收藏的《杂景院画》时，我瞬间被吸引了。"重庆中国三峡博物馆文博副研究员江洁说，这本画册是南宋时期马麟、林椿等7位宫廷画家的作品，共有8开，其中3开钤有"御府图书"印，表明此册曾为南宋宫廷收藏。全册小巧精致，色彩鲜丽，其中林椿所作折枝花一幅，角度细微、构图精巧，充分体现了南宋院画的艺术风格。宋代绘画流传下来的极为稀少，此册不仅保存完好，色彩如新，更是南宋宫廷名手绘制，并有南宋宁宗皇后杨妹子题字，足见其在当时亦为皇室所重之珍品。

"我馆还藏有齐白石四季山水屏，被誉为齐白石山水最佳作。此屏还见证了一段艺坛趣事。"江洁介绍，齐白石在《白石老人自述》一书中提到"四川有个姓王的军人，托他住在北平的同乡，常来请我刻印，因此同他通过几回信，成了千里神交"。这个"姓王的军人"，正是重庆巴蜀中学的创建人、抗日名将王缵绪。1932年7月，齐白石将自己创作的十二条山水屏赠予王缵绪，其中一幅为《梦游渝城》，描绘了画家想象中的渝

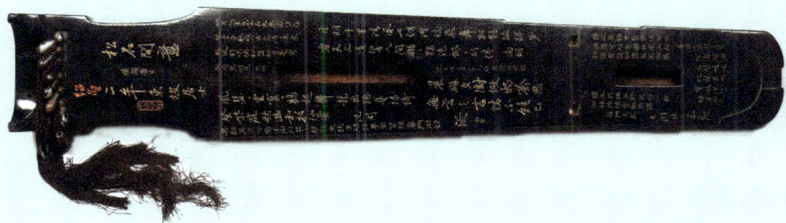

城风景。如此精心细作的大尺幅十二条屏，在齐白石传世山水画中至为罕见，是齐白石衰年变法之后的经典佳作。1951年，王缵绪将这组画屏捐赠给西南博物院（重庆中国三峡博物馆前身）。

　　古琴也是重庆中国三峡博物馆的特色收藏，不论数量还是品质都在全国博物馆名列前茅。北宋"松石间意"琴十分珍贵。此琴为仲尼式琴，通体黑漆，琴身上有苏轼、唐寅、文徵明等10多位宋、明、清书画名家的题字或诗，是目前所见题识人数最多的古琴，反映了古代文人的风雅意趣。

（常碧罗　姚　於　文）

重庆红岩革命历史博物馆

红岩革命纪念馆

重庆红岩革命
历史博物馆

有谁不知道"红岩"呢？每当提起这两个字，江姐、红岩村、重庆谈判、绣红旗……一个个熟悉的名字、一段段感人的故事，就涌上心头。

来到重庆，一定要去红岩看看。重庆红岩革命历史博物馆下辖红岩革命纪念馆、重庆歌乐山革命纪念馆及其所属革命文物旧址53处，其中有3批全国重点文物保护单位。来自五湖四海的人们到这里追寻英烈遗迹，聆听历史故事，重温红岩精神。

## 雾都明灯

驱车转过几个山弯，来到红岩村52号，半山上的红岩革命纪念馆巍然映入眼帘。纪念馆外墙由红色花岗石构成，整座建筑犹如一块巨大的红色岩石，象征着坚毅、勇敢、不屈……

80多年前，这里是中共中央南方局和八路军重庆办事处所在地。即使头顶不时有日机轰炸，百米外就是国民党特务监视，但愿意在这里为国

○九六

家和人民的未来而奋斗的革命志士前仆后继、数不胜数。

纪念馆二层是常设展览"千秋红岩——中共中央南方局历史陈列"。走进展厅，一张张老照片和饱经沧桑的历史文物，将参观者的思绪瞬间拉回那个战火纷飞的年代。

在抗日民族统一战线形成的大背景下，1939年1月，中共中央南方局在重庆成立。由于国民党不允许共产党组织公开存在，所以局机关秘密设在八路军重庆办事处内。不久之后，因为日机轰炸，之前的驻地被毁，办事处和南方局迁到了红岩村的大有农场内。

红岩，是当时的雾都明灯。之后的许多年里，无数进步青年都是追寻着红岩而来。

"来红岩，追求的绝不是物质享受。方卓芬这套衣裙的故事就是明证。"讲解员黄真彦说。米黄色的丝绸小西装、藏青色的毛料中长裙，今天看来只是一套平常的服装，但在很多年里，这是红岩女同志们唯一的"公用礼服"。

当年八路军重庆办事处条件极其艰苦，吃水要到两公里外的嘉陵江边挑，蔬菜都是自己亲手栽种，一个月都难见荤腥。穿的粗布单军装，从1937年至抗战结束每个人只发了两套。当时，方卓芬的这套衣裙就显得

格外耀眼。她主动将衣裙贡献出来，供办事处的每一位女同志外出公干时使用。今昔对比之下，先辈们这种不求吃、不求穿、一心革命的精神，让观众感佩不已。

再往前，可以看到两份老报纸，一份是大名鼎鼎的《新华日报》，一份是《棉花街壁报》。《新华日报》是抗日战争时期和解放战争初期中国共产党在国民党统治区唯一公开出版的机关报，发挥了重要的宣传作用，有着"新华方面军"的美称。展厅中央的印刷机，是当年印制《新华日报》的机器，堪称红岩革命纪念馆的"镇馆之宝"。

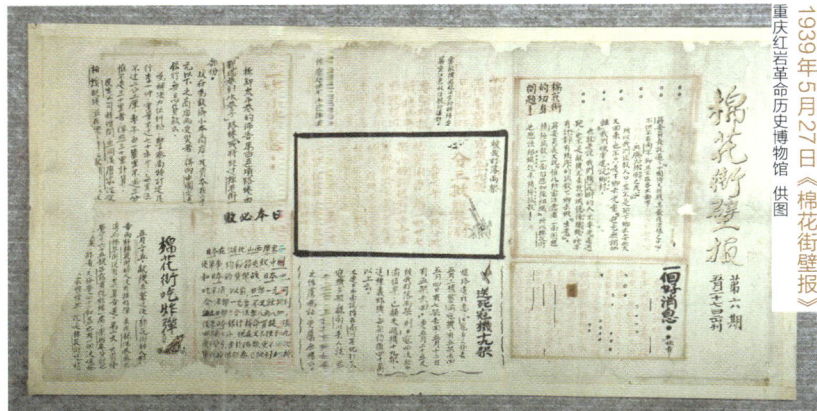

"我跟观众说，这是我们南方局的'老战士'，受过伤，还坐过牢。"讲解员介绍道，这台印刷机跟着八路军队伍从武汉辗转到重庆，沿江而上，颠坏了不少零部件。到重庆后，又印刷了无数份报纸。1947年，《新华日报》被迫停刊，印刷机被国民党扣押起来。重庆解放后，它又重获新生，一直工作到1985年才光荣退役，进入博物馆，被评为国家一级文物。

《棉花街壁报》是为宣传抗日救亡而创办的一种街头壁报，因贴于重庆渝中区小什字的棉花街而得名。展厅里这张壁报也是国家一级文物，上面有对重庆大轰炸的珍贵记录，也有对民众团结起来抗日的呼吁，还有敌军失利的消息报道。

## 红岩珍品

"千秋红岩——中共中央南方局历史陈列"展厅面积2400平方米，包括"共赴国难——抗日民族统一战线形成""雾都明灯——中共中央南方局驻足红岩""抗战号角——新华方面军"等10个部分，展出600多张珍贵历史照片和300多件展品。

重庆红岩革命历史博物馆藏品超过10万件，其中有3608件珍贵文物。什么文物，能被称为红岩珍品呢？

恒温恒湿的保管室内，工作人员戴上塑胶手套，小心翼翼地打开一个文件袋，拿出一张泛黄的信纸。这是1948年江姐（江竹筠）在万县地区（今重庆万州区）写给谭竹安，委托他照顾她儿子彭云的信。读完此信，一个"痛"字贯穿始终。

江姐这时候已经得知丈夫牺牲的消息，她却说："你别为我太难过。我知道，我该怎么样子地活着……我记得不知是谁说过：'活人可以在活人的心里死去，死人可以在活人的心中活着'。"她思念自己那唯一的孩子，但也不曾动摇革命的信念。这样的信读完，谁能不为之动容呢？

　　还有一封珍贵的信，是1941年7月周恩来托叶剑英带给《新华日报》记者范元甄的信。这封信写于"皖南事变"发生后，但信中没有懊丧、悲伤，而是满满的革命斗志。"我们大家并不以此为烦恼……同志都团结得像一个人一样……不要急，伟大的时代长得很……"

重庆红岩革命历史博物馆还藏有瑞典捐赠给中国的抗战物资——八路军重庆办事处工作人员用过的口杯，这是全世界反法西斯战线的见证。此外还有1945年国民党特务对毛泽东在重庆出席国共谈判期间的监视记录。这些文字和实物资料，印证或纠正了一些口述史的内容。

## 红岩精神

"从1958年红岩革命纪念馆建成开放，到2007年整合资源成立重庆红岩革命历史博物馆，每一代红岩人都在问自己：到底该怎么讲好红岩故事？"重庆红岩革命历史博物馆遗址保护部部长吴统凡说。

吴统凡的答案，是"打造沉浸式的展览，提升观众体验"。在红岩革命纪念馆的数字体验厅里，3D影像和VR技术让参观者"回到过去"——报童的卖报声中，一叶小舟划过水面，忽然几声轰响，民房在火光中变成废墟……1938年的重庆，战争的阴影压得人喘不过气来。这种身临其境的体验，让人更能感受到红岩对于重庆的意义。

黄真彦的答案，是"用好3D技术，同时也要深挖展品细节"。巨型油画《周恩来和他的朋友们》是展品中的"网红"，观众常在画前驻足20分钟左右，详细询问每一个人物的故事。"旁边的数字屏上可以查到相应人物的身份，但是更多的细节要靠我们挖掘。"黄真彦说，油画中93个人物有85个是有具体原型和故事的，将这些故事了然于心，就不怕观众提问。

红岩的故事，放到时代的洪流中去看，更令人感慨万千。全世界反法西斯的大时代里，那么多年轻人选择了红岩，成就了红岩精神。红岩精神包含了奋斗、奉献、坚强等品质，是一种活生生的理念，它不是挂起来凭吊追忆的，而是当代人可以学习而且应该学习的。

重庆红岩革命历史博物馆还举行多种活动推广红岩精神。"寻找红岩

红岩革命纪念馆红色故事展厅的巨幅数字屏

重庆红岩革命历史博物馆 供图

一〇一

重庆红岩革命历史博物馆

发声人"通过搭建大众平台，让大家都来讲红岩故事，汇成一个资源共享的红岩故事"声音库"。"红岩故事进大学"是由工作人员精心编排节目到大学里演出，让更多年轻人了解红岩，让红岩精神植根在人们心中。

（蒋云龙　文）

重庆自然博物馆

重庆自然
博物馆

暮春时节，草长莺飞，立于嘉陵江边的重庆自然博物馆，参观者络绎不绝。

重庆自然博物馆新馆2015年11月建成开放，占地216亩，是国内最受欢迎的自然博物馆之一。侏罗纪恐龙化石、第四纪哺乳动物化石、西部珍稀动植物标本……8000余件珍贵展品分布在地球厅、进化厅、恐龙厅、动物厅（贝林厅）、环境厅、重庆厅等6个展厅，从自然历史、自然关系、自然规律三个层面诠释"地球·生物·人类"的宏大主题。

重庆自然博物馆外观
秦廷富 摄

# 恐龙化石享誉海内外

丰富的藏品，是一座博物馆的基石和底气。重庆自然博物馆拥有令人瞩目的恐龙化石馆藏，恐龙厅的展示方式也别具一格。

恐龙厅纵贯两层，局部还带有夹层，展示面积达2800平方米。在14米高的宽阔空间里，摆放着31具恐龙复原骨架，大的数十米长，小的也有三五米。在逼真的巨幅油画映衬下，这些曾经的"地球霸主"气势十足，让人想起它们昔日的荣光。

恐龙厅1200多件展品中，有600多件是真化石。新中国成立后，四川盆地发掘出大批古脊椎动物化石。1957年，一具超过20米长的巨型恐龙骨架在重庆合川出土，这就是举世闻名的"合川马门溪龙"。20世纪70年代，四川盆地迎来了恐龙化石大发现，"巨型永川龙""上游永川龙""多棘沱江龙""江北重庆龙"等一批保存完整的恐龙化石相继出土，并运到重庆自然博物馆。改革开放初期，重庆自然博物馆成为最早走出国门举办恐龙化石展览的博物馆之一。

许氏禄丰龙骨架

王龙 摄

人们看了电影《侏罗纪公园》，知道美国发现的恐龙化石多，其实中国发现的恐龙化石更多。以侏罗纪恐龙为例，美国的恐龙化石主要集中在晚期，而在中国四川盆地，除了晚期恐龙化石，还发现了不少早、中期恐龙化石，形成了清晰的演化链条，对恐龙演化史的研究具有不可替代的作用。

从恐龙足迹到恐龙蛋，从小型龙到大型龙，恐龙厅展品陈列既按照科学分类，又兼顾大众认知，深入浅出地介绍恐龙相关知识，让观众看得津津有味，同时也获得了专家称赞。

## 90余年积淀的丰厚馆藏

除了大量恐龙化石，重庆自然博物馆还拥有中国第一件地形浮雕、第一个地磁测点、第一件中国制作的大熊猫标本、第一批钒钛磁铁矿样品、第一批成系列的土壤标本、"巫山人""资阳人"等古人类化石……丰富而珍贵的馆藏背后，有着数不清的动人故事。

90多年前，重庆实业家卢作孚想开启民智、弘扬科学，筹划建设一座博物馆。最初，他用庙宇作为馆舍，迁走菩萨，把供台作为展台，摆上展品，创建了重庆第一座博物馆。1930年春天，这座"峡区博物馆"的开放轰动了重庆城。不久后，卢作孚将其扩建为中国西部科学院。

1930年到1936年间，中国西部科学院组织了大大小小的野外考察30多次，收获颇丰。科学家们对四川大小凉山地区进行考察，带回大量动植物标本；地质学家常隆庆先后6次进入攀枝花无人区，发现了钒钛磁铁矿……

上游永川龙头骨化石
王龙 摄

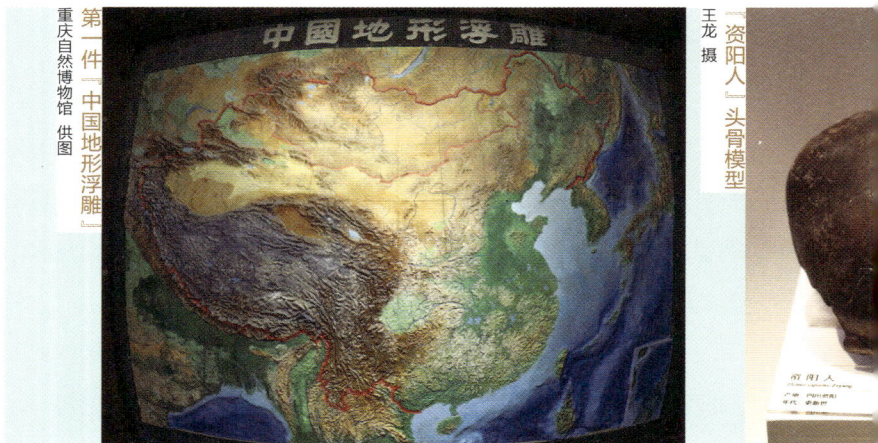

第一件 "中国地形浮雕"

重庆自然博物馆 供图

"资阳人" 头骨模型

王龙 摄

1943年，中国西部科学院联合十余家全国性学术机构共同组建了中国西部博物馆。西部科学院的主楼惠宇楼成为博物馆的陈列大楼。

在中国西部科学院和中国西部博物馆基础上建立的重庆自然博物馆，历经90余年的积淀，现藏有10余万件珍贵标本，涵盖动物、植物、古生物、古人类、矿物、岩石、矿产、土壤等8个类别，其中不乏科学意义重大的模式标本。

大熊猫标本也是重庆自然博物馆的收藏特色。重庆自然博物馆是国内最早公开展示大熊猫标本的博物馆。除了现生大熊猫标本外，还有丰富的熊猫化石，包括1985年在重庆万州盐井沟发掘的巴氏大熊猫骨架化石，完整度达70%，现已复原成完整骨架对外展出，是博物馆的"镇馆之宝"之一。

重庆自然博物馆还有一些来自世界各地的展品。贝林厅的展品主要来自美国慈善家肯尼斯·贝林捐赠的野生动物标本。贝林捐赠之后，在重庆市有关方面的支持下，重庆自然博物馆又收藏了更多来自世界各地的矿物、岩石、古生物标本。

巴氏大熊猫骨架化石

## 引导观众探索与发现

重庆自然博物馆的展览设计从多角度体现"探索与发现"的科学教育理念，满足观众的好奇心与求知欲。

很多自然博物馆都有贝林厅，而重庆自然博物馆的贝林厅别具特色，贝林厅的展览名为"动物星球"，不仅浓缩了各大洲的自然风光，还巧妙地汇集千姿百态的动物标本，体现生物之间的共存关系，表达了地球生态系统相互依存、构成生命共同体的理念。

重庆厅通过重庆本地动植物化石的展示，回应重庆人对自身"从何而来"的好奇，展现当地特色的山水、生物与生态。走进展厅，首先映入眼帘的是巴氏大熊猫和东方剑齿象的化石模型。"大熊猫—剑齿象动物群"与华北的周口店动物群分别代表中国中更新世南北两个主要动物群。

除了陆地动物，以中华鲟为代表的长江水生动物标本，体现了重庆作为江城的生物特点。3米长的中华鲟标本和中华鲟卵巢标本都是真品，来之不易。重庆厅有一面大道柜，展示来自长江的鱼类标本，种类丰富。

鱼类标本展柜
蒋云龙 摄

其中有中华鲟从受精卵发育到8个月大的系列标本，记录了个体发育的形态变化。

　　三峡地区是古人类演化的重要通道。在重庆厅中，还有"巫山人之父"、中国科学院古脊椎与古人类研究所研究员黄万波提供的各种化石。其中不仅有世界闻名的"巫山人"下颌骨化石，还有在龙骨坡发现的古猿牙齿化石。

　　地球厅展示了地球的历史，生动阐释了圈层结构、地壳运动、内外动力等地质作用。在进化厅，近40亿年里地球上生活过的动物种群——

王龙 摄 巫山人 下颌骨化石

王龙 摄 巫山人 牙齿化石

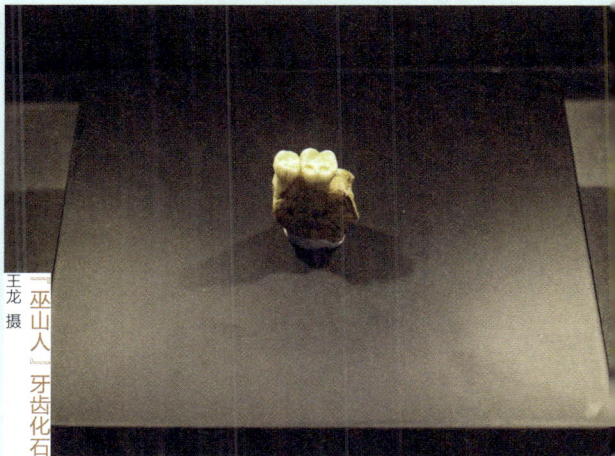

呈现。这些展览，让公众感受到自然与时间的伟力，看到大自然有这么多奥秘需要去探索，从而促进更多人热爱自然、保护自然乃至研究自然。

（蒋云龙 文）

四渡赤水纪念馆

大雨过后，赤水河愈发汹涌，褐红色的河水一路向北奔腾不息。来到贵州遵义习水县土城镇，一座黔北民居风格的建筑矗立于赤水河畔，这便是四渡赤水纪念馆。步入大厅，一组气势恢宏的雕塑映入眼帘，生动展现了中央红军四渡赤水的壮阔场景。

1935年1月至3月，中央红军纵横驰骋于川滇黔边境地区，避敌之长，击敌之短，在赤水河上迂回四渡，以不足4万之师，摆脱了国民党40万军队的围追堵截，取得了战略转移中具有决定意义的伟大胜利，创造了"长征史上最光彩神奇的篇章"。

伴随着阵阵涛声，人们走进四渡赤水纪念馆，倾听那段血与火的交响。

四渡赤水纪念馆外观
四渡赤水纪念馆 供图

# 四渡赤水出奇兵

站在四渡赤水纪念馆的观景长廊，朝不远处的山头眺望，只见一块写有"土城渡口"四个鲜红大字的纪念碑威武耸立。87年前，红军就是从这一带渡过赤水河，拉开了四渡赤水战役的序幕。

习水县是四渡赤水的主战场，保留了一、二、四渡渡口和土城青杠坡战斗遗址、红军总司令部驻地等14处全国重点文物保护单位，其中12处在土城镇。2007年，习水县在赤水河畔土城古镇一渡渡口处，建起了四渡赤水纪念馆。

纪念馆展厅里，一枚手雷吸引了观众的目光。手雷一头大而圆，一头小而钝，外壁有3条深深的横沟，正面刻着一颗五角星，五角星内有镰刀和铁锤。这是1982年当地农民翻地时发现的。经考证，这枚手雷制造于20世纪30年代初的苏区兵工厂，是中央红军在土城青杠坡与国民党军交战时遗留下来的，见证了当年那场激烈的战斗。

"红军必须经常地转移作战地区，有时向东，有时向西，有时走大路，有时走小路，有时走老路，有时走新路，而唯一的目的是为了在有利条件下，求得作战的胜利。"纪念馆中，一段中共中央、中革军委发布的《告全体红色指战员书》摘录，点明了四渡赤水战役的精妙之处。

一一二

青杠坡战斗遗址发现的红军手雷
四渡赤水纪念馆 供图

四渡赤水纪念馆展厅模拟场景
四渡赤水纪念馆 供图

遵义会议后，中央红军计划北渡长江挺进四川，却遭遇国民党重兵围追堵截。危急关头，毛泽东等指挥部队采取灵活机动的战术，先后四次渡过赤水河，巧妙地跳出了国民党军队的合围圈，彻底粉碎了敌人将红军消灭在川黔滇边境的图谋。

四渡赤水使红军长征由挫折转向胜利，是战史上以少胜多、变被动为主动的光辉典范。"我写一反以前的情况，好象忽然获得了新的生命，迂回曲折，穿插于敌人之间……弄得敌人扑朔迷离，处处挨打，疲于奔命。"时任红军总参谋长的刘伯承，后来在回忆文章中详细记述了这场出奇制胜的战役。

"调虎离山袭金沙，毛主席用兵真如神。"由当地群众和纪念馆工作人员组成的艺术团，每到周末和节假日都会举办《长征组歌》音乐会，《四渡赤水出奇兵》则是音乐会上的压轴曲目。

## 军民鱼水一家亲

"红军是穷人的军队'"红军把运动战特长，最高度发扬起来"……展厅里的复原场景，再现了当年留在土城的标语墙和宣传画。如今，在纪念馆背后的土城老街，一些老房子墙面上还能依稀看到标语印迹。

展柜里陈列着一只破损的陶罐和两枚铜钱，看起来不起眼，却有着特殊的意义。1935年2月，红军途经习水县一个叫二郎坝的小村子，战士们帮老乡挑水时，不慎打破了一个陶罐，当即掏出仅有的两枚铜钱作为赔偿。老乡见多了蛮横的国民党军队，却从未见过这样一支纪律严明、亲民爱民的部队，于是用竹条把破陶罐精心编扎起来，连同两枚铜钱一起保存，作为传家宝流传至今。

"长征是宣言书，长征是宣传队，长征是播种机。"在四渡赤水战役中，红军不仅取得了军事上的胜利，还通过实际行动争取到沿途群众的信

任与支持，有力地击碎了国民党的反动宣传。红军所到之处，老百姓争相筹粮筹款，当向导，送情报，救护安置伤病员，还有不少人直接加入红军队伍。

"这是我们馆藏的国家一级文物。"四渡赤水纪念馆研究室副主任曹行燕指着3扇年代久远的木门板说。1935年1月，中央红军在习水县土城镇青杠坡与敌军展开激战，军情危急，中央革命军事委员会紧急召开会议，作出主动撤出战斗、西渡赤水河的决定。如何在赤水河上快速架设起3座浮桥，成为红军摆脱危机的关键。

土城镇老百姓听到消息，纷纷卸下自家的门板，扛到河边帮助红军搭建浮桥。当时红军"三大纪律八项注意"有一条"上门板"的规定，但由于战事紧急，红军来不及归还老乡的门板和木材，便给了远超市价的银圆和物品作为补偿。红军离开后，老乡们又来到河边，把炸毁的门板打捞起来，修修补补继续使用。一位叫郑明福的老乡寻回了3扇门板。71年间，这3扇门板不知修了多少次也舍不得换。直到2006年筹建四渡赤水纪念馆时，他的后代把门板捐了出来。"像郑明福家这样的门板，土城人民亲切地称为'红军门板'。"曹行燕说。

纪念馆里还收藏着一件珍贵文物——1934年由中华苏维埃共和国人民委员会出版的毛泽东、张闻天合著的《区乡苏维埃怎样工作》。历经80多年沧桑，书籍纸面发黄，仅封面和极少部分内容缺失，大部分内容保存完整。

"这件文物能保存至今，它的背后是一段红军爱护百姓、百姓拥护红军的感人故事。"四渡赤水纪念馆副馆长刘军介绍，红军驻扎习水县期间，一位叫张南薰的小学校长，积极发动百姓为红军带路、提供物资和住宿，红军便把从瑞金带来的《区乡苏维埃怎样工作》赠给了他。红军走后，白色恐怖重新笼罩，张南薰将书几次转移，成功躲过国民党的严厉搜查。2006年，习水县征集革命文物时，张南薰之孙张仁海将书捐了出来。

一部红军长征史，写满了军民鱼水情深的故事。"赤水河，清又清，我打草鞋送红军。军民情谊似赤水，千秋万代流不尽……"而今，这首《我打草鞋送红军》依然在当地广为传唱。

## 红色血脉永流传

沿着土城老街幽静曲折的青石板路前行，不多时，一幢青砖黑瓦、中西结合的建筑出现在眼前。小楼原为川南联防军司令罗平芝的别墅，在中央红军一渡赤水期间，这里是红三军团司令部驻地，彭德怀、杨尚昆曾在此居住。如今，在这座全国重点文物保护单位基础上，建成了中国女红军纪念馆，这是全国唯一一座以女红军为主题的纪念馆，展示了1927年南昌起义到1937年卢沟桥事变10年间中国女红军的感人事迹。

女红军纪念馆英名墙上镌刻着4113位女红军战士的名字。"她们不仅参加战斗，还肩负着群众宣传、扩大红军队伍、筹粮筹款筹盐和护理伤员等任务。"讲解员对馆里展出的600余张女红军照片十分熟悉，穿过每一个展厅，她都能将女红军的故事娓娓道来。

"这位老人叫李小侠，是咱们遵义籍的女红军。邓小平主编的《红星报》记载了她的事迹，陈云的《随军西行见闻录》也提到了她，1985年杨尚昆、李伯钊夫妇来遵义时还专门接见了她。"讲解员指着一张女红军的照片说，1935年1月，红军第一次打进遵义，17岁的李小侠在城门口领头呼喊欢迎红军的口号。红军撤离遵义前，邓颖超、李伯钊亲自接收李小侠加入红军。后来她按组织安排参加黔北游击队。队长王有发牺牲后，李小侠在湄潭县以教书作掩护，继续为党工作。新中国成立后，李小侠还参与过剿匪工作。

87年薪火相传，红军在长征路上留下的印迹，成为这座小镇宝贵的红色财富。如今，四渡赤水纪念馆已形成多元化的博物馆聚落，包括四渡赤水纪念馆主馆、中国女红军纪念馆、红军医院纪念馆等馆群以及红军总司令部驻地、红军总参谋部驻地、土城渡口纪念碑等12处文物保护单位，每年接待参观者超200万人次。2020年年底，四渡赤水纪念馆被评为国家一级博物馆。

"每一件革命文物，都是我们党光辉历史的见证。我们要充分挖掘革命文物的丰厚内涵，用心讲好文物故事，让更多人了解革命历史，感悟长征精神。"刘军介绍，近年来，四渡赤水纪念馆多次组织人员到全国各地征集文物，深入挖掘文物背后的故事，并与当地多所学校开展馆校共建合作，组建"小小讲解员"队伍，让孩子们成为红色故事的讲述者。四渡赤水纪念馆还充分利用VR、AR等新技术，建设虚拟展馆，通过实景模拟、文物展示、语音导览、互动分享等功能，让观众体验丰富生动的线上展览，把公共文化服务延伸到千家万户。

（程 焕 文）

太行精神
光耀千秋

八路军太行
纪念馆

巍巍太行，民族脊梁。

太行山西麓，著名的革命老区山西武乡，分布着40余处革命旧址和红色场馆，八路军太行纪念馆就坐落在这里。

八路军太行纪念馆是一座全面反映八路军抗战历史的大型专题纪念馆，1988年9月3日正式建成并对公众开放，馆名由邓小平题写。馆区占地面积14.8万平方米，包括八路军抗战史陈列馆、百团大战半景画馆、窑洞战景观、八路军抗战纪念碑、八路军将领组雕等10处参观点。馆内藏品8000余件，其中国家一级文物150多件。

走进八路军抗战史陈列馆序厅，只见8根镌刻着八路军抗战画面的四方铜柱巍然立于大厅中央。置身展厅，那些硝烟弥漫的抗战岁月，那些感人至深的英雄故事，仿佛从太行山吹来的风，拨动着人们的心弦。

### 一双草鞋，见证英雄血洒疆场

"伫马太行侧，十月雪飞白。战士仍衣单，夜夜杀倭贼。"这是朱德在武乡王家峪八路军总部写下的诗句。

1937年8月，红军主力改编为国民革命军第八路军，朱德为总指挥，彭德怀为副总指挥，出师华北抗日前线。

武乡是华北抗日指挥中枢，八路军总部、中共中央北方局先后5次进驻武乡，共驻扎536天，这里"村村住过八路军，户户都有子弟兵"，被称为"八路军的故乡，子弟兵的摇篮"。

纪念馆的基本陈列为"八路军抗战史陈列"，展陈面积8000平方米，以历史图片和实物为主，辅以景观、油画、雕塑、幻影成像等展示手段，全方位展示了中国共产党领导下的八路军及华北敌后人民八年抗战的光辉历史。

行至第二展厅，一口打满补丁的行军锅前围了一圈参观者。

这口行军锅有17个补丁，它跟随红军完成了二万五千里长征，又跟随八路军东渡黄河开赴华北抗日前线，被评定为国家一级文物。关于这口

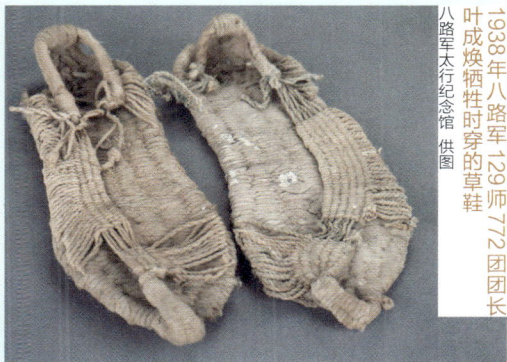

八路军太行纪念馆 供图

抗日战争时期八路军使用的行军锅

1938年八路军129师772团团长叶成焕牺牲时穿的草鞋

八路军太行纪念馆 供图

锅，还有一段动人的故事。

1938年春，日军出动3万余人，分九路向晋东南根据地进攻，八路军展开反九路围攻的长乐村战斗。

在这场战斗中，武乡县王家峪村村民李焕兰的丈夫参加了担架队，他发现一位伤势严重的八路军战士紧紧抱着一口行军锅不放。战士告诉他，这口锅从长征带到现在，过草地时煮过草根、皮带，救活过好多战友。这位战士牺牲前再三请求他把这口锅带走。

1939年10月，八路军总部驻扎在王家峪村，彭德怀听说此事后深受感动，让部队把这口锅好好保存，待到全国解放后将它送进博物馆，让后人知道革命的艰辛。

"除了行军锅，这双草鞋的故事也要好好讲一讲。"讲解员魏巍说，"这是叶成焕团长牺牲时穿的草鞋，上面的棉线已经断裂。"

抗日战争爆发后，叶成焕任八路军第129师386旅772团团长，率部先后参加长生口、神头岭、响堂铺等著名战斗，为129师在全面抗战初期的"三战三捷"作出重大贡献。

长乐村战斗中，叶成焕在高坡上观察敌军情况时被子弹射中头部。当战士们抬着他后撤时，他留下的最后一句话是："队伍，队伍呢？"

叶成焕牺牲时年仅24岁。长乐村村民董来旺为他整理遗物时，看到叶团长还穿着一双破旧的草鞋，赶忙拿来一双布鞋给他换上，并将这双草鞋保存下来。

朱德特地从八路军总部赶来，向叶成焕遗体告别。129师师长刘伯承在追悼会上说，叶团长没有辜负党的教育，终于成为一个很好的布尔什维克。

抗战时期，八路军的英雄故事千千万万——

"狼牙山五壮士"面对敌人步步逼近，宁死不屈，纵身跳下数十丈深悬崖；黄崖洞保卫战中，17岁的司号员崔振芳奋不顾身钻出掩体，一口气掷出80多枚手榴弹，歼敌40余人，后被流弹击中；在十字岭突围战斗中，左权将军被炮弹击中头部，牺牲时年仅37岁……

八路军太行纪念馆将这些故事一一收藏，让后人从这里汲取无穷的精神力量。

## 一把木勺，述说军民鱼水情深

走进第五展厅，一把黄褐色的木勺，诉说着拥军模范胡春花催人泪下的故事。

胡春花是武乡县窑湾村人。1938年春，八路军进驻武乡后，29岁的胡春花积极投身于抗日拥军工作。

1941年11月，黄崖洞保卫战打响了，八路军战士为了保卫兵工厂同日寇进行殊死搏斗，战场上有许多伤员抬不下火线。胡春花听到消息心急如焚，她把发着高烧的4岁独生女儿留在家中，组织起妇女担架队，冒着炮火上了前线。

有一位重伤员上下肢都骨折了，不能自己吃东西。胡春花特意到村里找木匠制作了一把小木勺，一勺一勺喂他吃饭。

当她忙完医院的事赶回家时，女儿已经奄奄一息。仅4岁的小生命在去往医院的途中不幸夭折。

这把木勺只有9厘米，却承载着八路军与太行人民不可丈量的鱼水情深。

"最后一碗米送去做军粮，最后一尺布送去做军装，最后一件老棉袄盖在担架上，最后一个亲骨肉送去上战场。"这首战争年代广为传唱的民谣，是军民团结亲如一家的生动体现。

8年全面抗战期间，山西人民出兵、出粮、出干部，竭尽全力支援抗战，15万优秀儿女加入中国共产党，60万热血青年参加八路军。武乡是"抗日模范县"，当时全县总人口约13.5万人，有9万余人参加了各种抗日团体，1.5万人参加了八路军，2.1万人在抗战中献出了宝贵生命。

## 一台打字机，闪耀国际主义光芒

八路军太行纪念馆收藏着一把特殊的军号，它是由"日本八路"前田光繁捐赠的。

1937年，前田光繁进入为侵略中国东北服务的特殊机关——满铁公司工作。次年春天，他被派往河北邢台一个名叫双庙的小车站，后被八路军俘虏，送往八路军第129师师部。

129师敌工科科长曾留学日本，能说一口流利的日语，被安排与前田光繁住在一起。在日常相处中，科长常常给前田讲日军对中国百姓的残害，讲日本人民也是战争的受害者，讲中国共产党的追求……前田光繁渐渐认清了日本帝国主义的本质，决心从事反战工作。

前田光繁是第一个参加八路军的日本人，是"日本士兵觉醒联盟"

前田光繁捐赠的军号
八路军太行纪念馆 供图

抗日战争时期英国记者何克使用的外文打字机
八路军太行纪念馆 供图

的发起者，还是东北老航校的元老之一。他带着这把军号投入中国抗日战场，四方奔走进行战地宣传。

2005年8月，年近90岁的前田光繁专程来到山西，把珍藏了65年的军号捐赠给八路军太行纪念馆。他深情地说："我喝过武乡的水窖水，尝过武乡的苦苦菜，住过武乡的土窑洞，武乡就是我的第二故乡。"

在第五展厅，有一台外文打字机，是英国记者何克在武乡砖壁村八路军总部采访时使用过的。1974年，当地重修八路军总部砖壁村旧址时，从地下挖出了这台打字机。

1938年，何克来到上海，看到日军侵占的上海到处是悲惨的景象，他毅然放弃与姑母经印度回英国的打算，决定留下来。后来，他去了武汉、北平（今北京）、延安等地，并将自己的所见所闻写成《我看到了新中国》一书，揭露了国民党官僚统治的腐败没落，向全世界讲述了八路军英勇抗战的故事。

展厅里还有一个木质医药箱，它是加拿大共产党员、著名医师白求恩送给八路军第120师医务所的。

抗日战争爆发后，白求恩率领由加拿大人和美国人组成的医疗队，于1938年初来到中国，先后在延安和晋察冀边区开展伤员救治工作。

1939年2月，白求恩率医疗队配合八路军第120师挺进冀中。哪里有伤员，白求恩就出现在哪里。在齐会战斗中，他的手术台设在距离火线仅7里的一座庙中，敌人的炮弹炸塌了围墙，他仍坚持工作，连续69个小时为115名伤员做了手术。

1939年10月，白求恩在给伤员做急救手术时被感染，后不幸去世，为中国人民的抗战事业献出了宝贵生命。

毛泽东在《纪念白求恩》中写道："一个外国人，毫无利己的动机，把中国人民的解放事业当作他自己的事业，这是什么精神？这是国际主义的精神，这是共产主义的精神，每一个中国共产党员都要学习这种精神。"

中国人民抗日战争的正义事业得到了世界各国人民的同情和支持。许多国际友人辞别故土，投身艰苦卓绝的华北敌后战场，与八路军战士并肩作战，用热血在华夏大地上铸就了一座闪耀着国际主义光芒的不朽丰碑。

（付明丽　文）

聚宝中原
厚积文脉

郑州博物馆

在河南省郑州市文翰街亓民公共文化服务区，有一座建筑格外引人注目：远远看去形似古代的冠冕，寓意"华夏之冠"；南立面以石材搭配百余米长的玻璃幕墙，与北立面曲面结构结合，形似宝盆，意为"聚宝中原"；顶部南北落差近20米，象征黄河之水奔涌不息。这座造型古朴庄重而又兼具现代气息的建筑，就是郑州博物馆文翰街馆，总建筑面积14.7万平方米，是目前国内单体建筑面积最大的博物馆。

从博物馆南门步入一楼大厅，映入眼帘的是一面巨型汉白玉浮雕墙，黄帝、大禹、商汤、子产等历史名人雕像栩栩如生，向人们讲述着中原地区的厚重历史和灿烂文化。

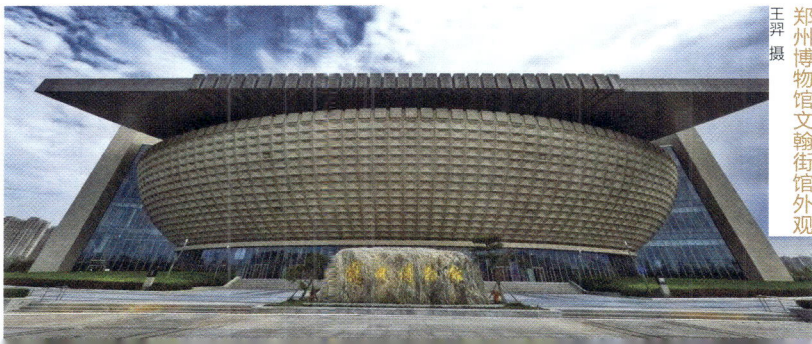

郑州博物馆文翰街馆外观

王羿 摄

## 商周古都遗韵丰厚

郑州位于中原腹地，是华夏文明的核心地区。郑州博物馆成立于1957年，是河南省第一家地市级综合性博物馆，2008年被列入首批"国家一级博物馆"。馆内藏品共有20多个门类，总数量近6万件，珍贵文物众多，其中尤以商周青铜器、唐宋石雕等最具代表性。

郑州博物馆现有嵩山路馆和文翰街馆两个场馆，嵩山路馆常设展览"长渠缀珍——南水北调中线工程河南段文物保护成果展"，系统展示南水北调工程建设中河南省域内文物保护成果。文翰街馆为新建的主展馆，基本陈列"创世王都""天地之中""百年史话"，全景式展示郑州历史文化发展脉络。

走进"创世王都"展厅，一件件珍贵文物、一处处重要文化遗存，诉说着郑州作为华夏文明发祥核心地区、中国城市发展滥觞之地的历史地位。荥阳织机洞遗址出土的距今约10万年的石器，记录了郑州最早的人类活动遗迹。从裴李岗文化的石磨盘、石磨棒，到仰韶文化彩陶钵、彩陶壶，反映了新石器时代中原早期文明演进历程。

"这鼎是向阳食品厂出土的吧？当时我就在这个厂上班。"青铜器展柜前，一名头发花白的参观者询问讲解员。

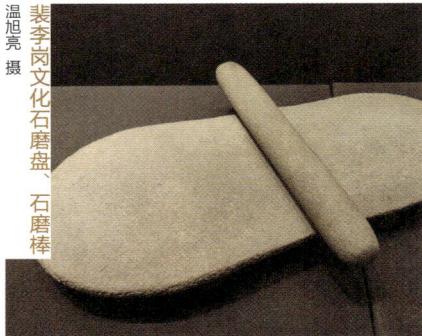

裴李岗文化石磨盘、石磨棒　温旭亮 摄

仰韶文化白衣彩陶钵　郑州博物馆 供图

"是的，这件商代兽面纹铜方鼎，1982年在郑州向阳回族食品厂出土。高81厘米，口长55厘米，口宽53厘米，重75公斤。"郑州博物馆讲解员张玮玮说。

一问一答，引得许多参观者驻足细看：方鼎直口深腹，平折沿，方唇，口沿上有对称的圆拱形双耳。鼎下承四柱足，上粗下细，其内中空，且直通腹部。鼎腹四外壁纹饰相同，每面四隅、两侧及下部，均饰有排列整齐的乳钉纹。整器铸造精良，纹饰严谨，形制雄浑大气，极具威严之感。

大铜方鼎是商王朝的国之重器，标志着统治者至高无上的权力和等级，在青铜礼器组合中居于核心地位。这件兽面纹铜方鼎是郑州商城为商王朝早期都城的重要见证。郑州商城遗址位于市区东南部，发现有夯土城墙、宫殿建筑遗存等。城外周围还发现了铸铜、制骨、制陶等手工业作坊遗址和商代窖藏、墓葬群、水井、灰坑等大量遗迹，出土了青铜器、陶器、原始瓷器、玉器、甲骨等大批文物。

"这件青釉瓷尊的发现，将我国制造瓷器的时间提早到商代前期。"张玮玮指着一件黄绿色的商代瓷尊说，它出土于郑州市铭功路十四中学商代贵族墓，造型朴实稳重，质地坚实致密，叩击时会发出清脆的金属声。科学检测显示，这件瓷尊是以高岭土做胎，经1200摄氏度以上的高温烧制而成，胎釉结合牢固，吸水率低，已基本具备瓷器的特征。

商代兽面纹铜方鼎 郑州博物馆 供图

商代青釉瓷尊 郑州博物馆 供图

位于郑州新郑的郑韩故城遗址是"中国20世纪100项考古大发现"之一。故城是春秋时期郑国都城，战国时期韩灭郑后，迁都于此。郑韩故城遗址出土的九鼎八簋，反映了当时天子式微、列国蜂起的局面。九鼎形制相同，纹饰相近，大小、轻重依次递减，明显具有列鼎性质。八簋形制亦相同，大小略有差异。整组器物造型规整，纹饰华美，组合有序。根据周礼，仅周天子有资格享有九鼎，而九鼎八簋，反映了当时周王室衰微、诸侯僭越礼制的史实。

### 唐宋石雕精妙绝伦

"这大象的牙好长！"在"中原象踪"展厅，巨大的纳玛象化石前围了一圈兴奋的小朋友。这是生活在大约50万—40万年前的老年纳玛象，有一对保存完好的古象门齿，还有臼齿齿板、肢骨、枕骨、盆骨等骨骼化石。远古时期，郑州地区温暖湿润，曾有不少大象生存。"中原象踪"展厅以郑州董寨出土的纳玛象化石为主，搭配同时期其他古生物化石及辅助展品，向观众展现第四纪更新世的生态环境以及中原古象的繁衍兴盛和迁徙、灭绝。

橘黄色灯带组成似钟的轮廓，莲瓣状火焰光芒熠熠，中央透出远处一尊佛造像的身影。"妙相艺境——馆藏古代造像艺术陈列"序厅布景意

境深幽，吸引很多观众进入参观。展厅里，郑州荥阳大海寺、郑州开元寺宋塔地宫出土的石刻造像，北朝至明清历代金铜造像，让人领略到中国古代不同时期造像艺术的魅力。

大海寺是郑州地区历史悠久的佛教寺院，创建于北魏时期，清晚期毁废。1976年，大海寺遗址出土石刻造像40余件，造型丰富，雕工纯熟，其中以晚唐时期的菩萨造像最为精妙。

唐代弥勒菩萨石造像是这批造像中的代表性作品。石像为单体圆雕，通高223厘米。菩萨跣足立于束腰仰覆莲座上，身材修长，衣饰简洁，脸庞圆润丰满，神情沉静安详，堪称佛教造像庄严美和典型美的完美结合。造像比例合度，雕刻刀法圆润纯熟，体现了较高的艺术造诣。

一三一

　　"这座北宋开宝九年石棺，1974年出土于郑州开元寺遗址，通高100厘米，长108厘米，具有重要的历史价值。"张玮玮介绍。石棺由棺盖、棺身、棺座三部分组成。棺盖呈七棱形，前宽后窄，盖上阴刻缠枝牡丹花纹，中间有楷书题铭48字。石棺两侧浮雕"释迦牟尼涅槃十弟子送葬图"，棺身前后、下部和棺座雕有力士、伎乐人、异兽等。整个石棺雕刻精细，线条流畅，人物各具情态，逼真写实，表现出高超的艺术技巧。石棺基座上刻有修塔题记，其中有"东京左街相国寺""东京右街开宝寺"等关于宋初国都开封城内寺院方位的记述。

# 中外文化汇聚一堂

"在郑州能看到这么多欢洲国王的珍品，真不错！"在"微观之作——英国V&A博物馆馆藏吉尔伯特精品展"现场，琳琅满目的金银器、鼻烟盒、微型马赛克等艺术品引得观众啧啧赞叹。这是吉尔伯特夫妇享誉世界的精品收藏首次来华展出，展期从2021年9月30日持续至2022年1月4日。

郑州博物馆文翰街馆自2020年试开放以来，先后推出"清高宗乾隆皇帝展""法兰西的雄鹰——拿破仑文物（中国）巡回展""定鼎中原——河南古代都城文明展""黄河珍宝——沿黄九省（区）文物精品展"等体现中外文化的精品展览，深受公众欢迎。

2021年4月30日，郑州博物馆文翰街馆正式开放，运用现代展示手段，将源远流长、博大精深的中原文明展现给国内外观众，致力于打造郑州城市会客厅和区域文化中心。除基本陈列外，馆内还设有13个专题文化展览。如"汉砖意韵"展示了郑州地区出土的制作精良、图案优美的汉代画像砖，再现了2000年前中原地区社会生活画卷。"土火造艺"以馆藏精品瓷器为主，介绍了不同时期中国陶瓷艺术的特点。"豫声豫调"展示河南豫剧、曲剧、越调三大剧种的乐器、行头，让观众以视听方式感受河南地区深厚的戏曲文化。为拓宽博物馆服务功能，文翰街馆还规划有青少年活动中心、小剧场、4D影院。

（任胜利　文）

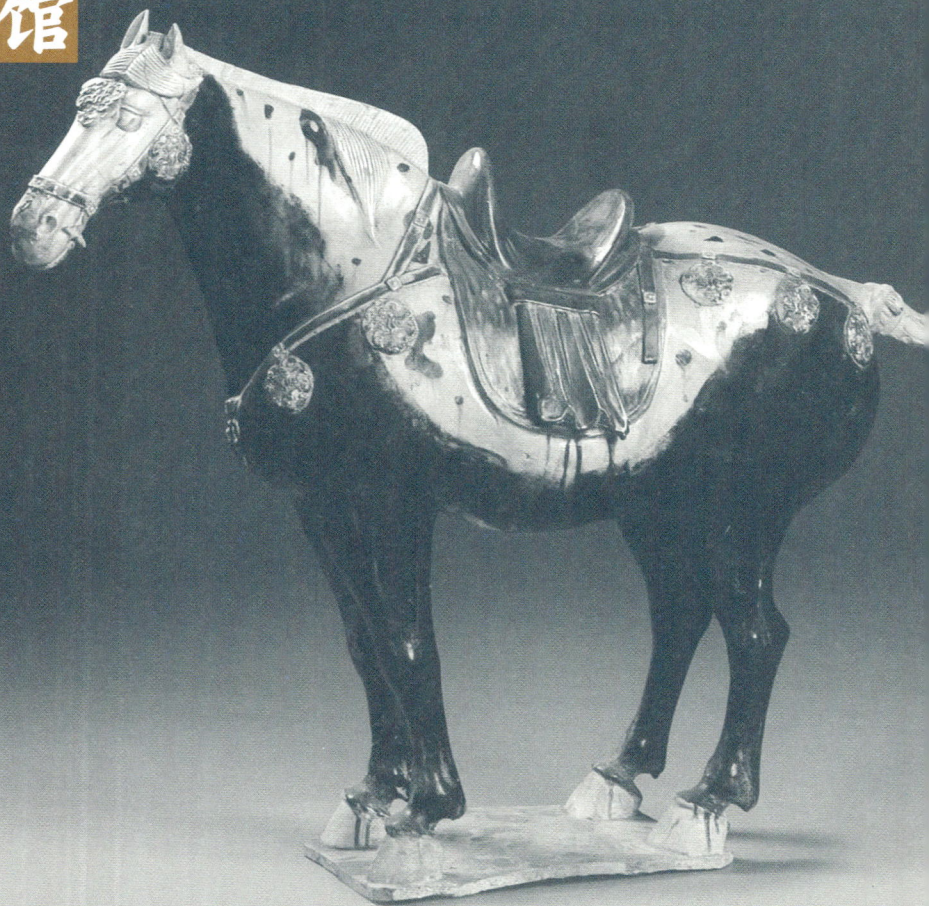

"若问古今兴废事，请君只看洛阳城。"洛阳是华夏文明的重要发祥地、丝绸之路的东方起点之一，历史上先后有13个王朝在洛阳建都。要了解洛阳的历史文化，最快的方式就是去看洛阳博物馆。

在洛河南岸，北临洛浦公园、南接隋唐城遗址植物园，一座外形如方鼎屹立的建筑，就是洛阳博物馆。

洛阳博物馆创建于1958年，是一座集文物收藏、科学研究、陈列展览、社会教育与文化交流为一体的综合性博物馆。2011年新馆建成，建筑面积6.2万平方米，展览面积1.7万平方米，设有大型基本陈列"河洛文明"和"洛阳文物珍宝展""汉唐陶俑展""唐三彩展""宫廷文物展""石刻艺术展""书画展"六大专题陈列。

洛阳博物馆外观
洛阳博物馆 供图

# 展现河洛文明

洛阳博物馆的建筑设计别具匠心，博物馆位于城市中轴线上，整体外观为大鼎造型，寓意"鼎立天下"，并通过屋顶的13个考古遗址场景复原，揭示了十三朝古都的厚重内涵。

走进博物馆一楼，首先参观基本陈列"河洛文明"。

第一展厅里的古菱齿象化石模型吸引了很多小朋友驻足。这是3万—5万年前生活在河洛地区的大象的化石，复原后长5.7米，高2.8米，两根门齿格外粗壮。据专家考证，当时中原地区气候温暖湿润，大象群集，河南的简称"豫"为象形字，说明这里曾有很多大象。

"河洛文明"基本陈列包括史前时期、夏商周时期、汉魏时期、隋唐时期和五代北宋时期五大部分，围绕夏都二里头、偃师商城、东周王城、汉魏故城、隋唐洛阳城五大都城遗址，以洛阳出土的历代典型文物为主体，串联各个历史时期的重大事件、重要人物、重点史迹等，展现古都洛阳文明变迁的历程，突出河洛文明在中华文明中的特殊地位。

在夏商周展厅，一件件瑰玮神秘的青铜器诉说着青铜时代的辉煌。洛阳是最早进入青铜时代的地区之一，洛阳博物馆所藏夏商周时期青铜器数量大、品种全，在国内外具有较大影响力。齐侯宝盂是周王室与齐国联姻的实物见证。春秋战国时期周王室衰微，为了加强周王室的势力，王室与强大的诸侯国联姻。宝盂通高44厘米，口径71厘米，在靠近口沿的内壁处有26字铭文："齐侯作媵子仲姜宝盂，其眉寿万年，永保其身，子子孙孙永保用之。"由铭文可知，铜盂是齐侯送给女儿仲姜的陪嫁品之一。据《左传》记载，在公元前560年左右，周王室曾与齐国通婚，结合文献考证，当时的周天子是周灵王，齐侯则是齐灵公。这件宝盂印证了史书记载"周灵王求后于齐"的真实性，对研究周王室与齐国的政治地位以及周

王室与各诸侯国的关系有着重要意义。

## 数说古都珍品

"唐三彩见的不少，但黑色的还是第一次见。"在二楼"洛阳文物珍宝"展厅，几名参观者围绕着三彩黑釉马展柜凝神欣赏，舍不得离开。

这件三彩黑釉马1981年出土于洛阳龙门安菩夫妇合葬墓，墓主人安菩为西域安国人，在唐朝任定远大将军。安菩墓中出土了三彩釉陶器、瓷器、钱币、石刻等丰富的随葬品，特别是三彩器数量多、质量高、种类齐，为研究唐代丝绸之路文化交流及唐三彩制作工艺等提供了重要资料。

唐代尚马之风盛行，三彩艺匠用熟练的技术和灵巧的刀法，塑造出各种骏马形象。但黑釉马极为少见，是难得的珍品。这匹马膘肥雄浑，通

体施黑釉，唯马面、鬃、背、尾、蹄为白色，鞍鞯俱全，华丽的装饰与黑色相配更显醒目明快，是文献中"龙种神驹，四蹄踏雪"的艺术再现。

"洛阳文物珍宝展"呈现了从洛阳出土数十万件文物中精选出的20件不同时代、不同材质、不同文化内涵的珍品。在这里，可以看到夏代铜爵、商代玉戈、西周兽面纹方鼎、曹魏正始石经，还可以看到莹润无瑕的白玉杯、流光溢彩的三彩灯……众多珍品中，有一件残缺的泥塑佛面，因其独特的美，令人过目难忘。

北魏熙平元年（516年），胡太后在洛阳建永宁寺，这是当时都城内规模最宏大的官办寺院，寺中的木塔被誉为"古代最高的佛塔"，可惜十多年后遭雷火焚毁，北魏王朝也于不久后覆灭。20世纪80年代，永宁寺塔基出土数百件佛教造像，这件泥塑佛面是其中最大的。它残高25厘

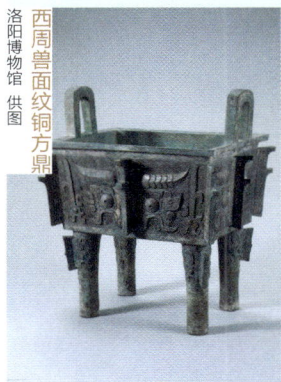

西周兽面纹铜方鼎
洛阳博物馆 供图

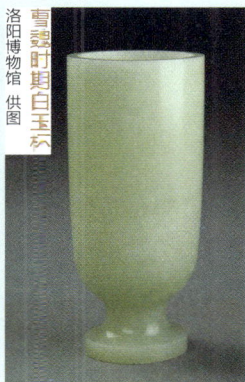

曹魏时期白玉杯
洛阳博物馆 供图

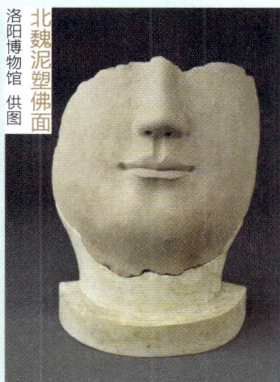

北魏泥塑佛面
洛阳博物馆 供图

米，仅存下眼睑、鼻子、嘴巴、下巴和脸颊等部分，给人留下无限的想象空间。佛面舒展光洁，鼻子端挺秀美，双唇紧抿，嘴角微微上扬，露出含蓄柔和的笑容，既有超尘绝世的神秘感，又有温和可亲的人间世俗意味，是北魏时期民族大融合和佛教趋于本土化的生动写照。

洛阳博物馆"唐三彩展"是全国唯一的唐三彩专题陈列，非常值得一看。洛阳是唐三彩的故乡。20世纪20年代初，洛阳邙山古墓中首次发现大量唐三彩，引起世界轰动。"唐三彩展"分为"惊世发现""人文风采""丝路印记""精神家园""流彩天工"五个单元，共展出各类唐三彩文物近百件，从人文、贸易、宗教等多个角度展现了唐代洛阳丰富多彩的社会图景，折射出昂扬进取、开放多元的盛唐气象。

"妈妈，让我上手试试！"博物馆里的多媒体触屏设备，令参观的小朋友们兴奋不已。通过电子触摸屏，可以点击放大展品、多维度观看，还可以通过游戏等方式与文物"对话"。

为了更好发挥博物馆展示、教育和研究的功能，洛阳博物馆实施了"'河洛文明展'数字化保护""陶瓷类文物数字化保护"项目，对文物进行三维数字化采集，并在展厅内进行触控展示，还制作了互动小游戏，增加参观趣味性。项目的数字化成果还在洛阳博物馆官方网站、微信公众号等多个线上平台展示，让公众随时随地都能通过网络欣赏精美文物。

## 传播丝路精神

"无数铃声遥过碛，应驮白练到安西。"2020年9月，在湖南省长沙市铜官窑博物馆开幕的"汉唐丝路文物特展"上，来自洛阳博物馆的三彩载丝绢骆驼引来观众啧啧赞叹。骆驼昂首嘶鸣，峰间有双兽面囊口，两侧挂有绢丝、酒瓶、食物等，表现了中亚人到大唐经商、满载丝绢而归的形象。展览以物述史，重现汉唐丝绸之路的繁盛与辉煌，彰显古代中国兼容开放的文化精神。

近年来，洛阳博物馆按照"文明中心、丝路起点、运河枢纽、客家族源、民族熔炉"的文化定位，发挥古都文化优势和藏品优势，加强对外交流，传播丝路精神，每年都引进或输出不少精品展览。洛阳博物馆还走出国门，在韩国、日本、瑞典、意大利、乌兹别克斯坦等国家举办有关丝路文化的展览。2019年，在国家文物局组织的全国最具影响力综合类博物馆排名中，洛阳博物馆进入前十名，并在丝绸之路对外交流专题展览中排名全国第五。

"一轮明月下，共祝祖国好。"2020年国庆期间，洛阳博物馆举办了丰富多彩的系列活动。"洛水霓裳"装束复原秀依托洛阳博物馆馆藏文物，复原了25套古代装束，展示了战国至宋代千余年间的服饰文化。从汉墓壁画到永宁寺陶俑，从唐三彩仕女到宋代砖雕……文物"复原"走上T台，重现伊洛河畔一幕幕华美光景。此外，还有多场面向青少年的文物赏析和手工体验活动，让孩子们深入感受传统文化的魅力。"博物馆是构

建公众文化的精神家园，是培育现代精神的沃土。让躺在展柜里的文物'活'起来，实现传统文化的现代表达、河洛文化的国际表达。洛阳博物馆积极担当文化传承和社会教育的使命，为洛阳打造'东方博物馆之都'的城市名片贡献力量。"洛阳博物馆馆长李文初说。

（任胜利　文）

大运河是闻名遐迩的世界文化遗产。作为中国大运河考古重大成果，柳孜隋唐大运河遗址的发掘，为确认通济渠的流经路线提供了有力证明。

这个名列1999年"全国十大考古新发现"的遗址，位于安徽省淮北市濉（suī）溪县。

淮北市地处苏鲁豫皖四省交界，古称相邑、相城，有着4000年建城史和丰富的文化遗存。

在淮北市博物馆，你可以聆听这座古城历史变迁的故事，探寻隋唐大运河的繁华遗迹。

## 勾勒相城古今

淮北地区历史文化悠久。早在7000多年前，先民们就在这块土地上繁衍生息，留下了早期文化遗存。4000年前，商汤十一世祖相土建城于相山南麓。春秋时期，相城为宋国别都。秦和西汉为郡治所在，东汉为沛

淮北市博物馆外观
淮北市博物馆 供图

国国都。隋唐时期，大运河通济渠段流经濉溪柳孜镇。

淮北市博物馆创建于1976年，馆名为郭沫若题写。2004年9月新馆开馆，占地面积40余亩，建筑面积1万余平方米。2009年，为推进大运河保护和申遗工作，淮北市博物馆加挂"隋唐大运河博物馆"馆名。

远远看去，淮北市博物馆如一艘乘风破浪的航船。这座建筑由中国工程院院士、东南大学教授齐康设计，将运河文化与淮北煤文化巧妙结合在一起。建筑西部层层叠压的造型，寓意淮北深厚的历史文化积淀，也象征着地下埋藏的丰富煤矿资源。

淮北市博物馆馆藏文物1万余件，年代跨度从新石器时代早期的石山孜文化直至近现代，其中国家一级文物17件（套）。隋唐大运河淮北柳孜遗址出土的文物，占到了馆藏文物的70%以上。展厅面积6000余平方米，包括"古相遗珍""汉画像石""运河遗韵""盛世流光""柳孜盛景"等固定展厅和两个临时展厅。"古相遗珍"厅以文物勾勒出淮北地区从新石器时代到汉代的历史，"汉画像石"厅展示了独具特色的汉画像石精品，"运河遗韵""盛世流光""柳孜盛景"3个展厅皆以大运河为主题，通过文物展示、遗址复原、木雕、塑像、绘画等多种形式，再现了隋唐大运河的繁华盛景。

# 述说运河繁荣

公元605年至610年，隋炀帝为加强对全国的统治，下令开掘贯通南北的大运河。运河北起涿郡（今北京），南至余杭（今杭州），全长2700公里，分为永济渠、通济渠、邗沟和江南河四段，连接海河、黄河、淮河、长江和钱塘江五大水系。运河的使用历经隋、唐、宋三代，史称隋唐大运河。

淮北市濉溪县境内的柳孜遗址，位于通济渠中段。通济渠起于河南荥泽，至江苏盱眙入淮河，全长1300余里。在隋唐大运河的历史中，通济渠起到了"半天下之财富，并山泽之百货，悉由此路而进"的枢纽作用。

"运河遗韵"展厅复原了柳孜遗址。散落的船板、瓷器、铁釜和石碇，让人感觉仿佛回到了遗址发掘现场。

在1999年柳孜遗址的第一次考古发掘中，除了发现石构建筑物遗迹和大量瓷器等文物，还出土了8艘唐代沉船，这在考古史上是前所未有的。

展厅里陈列着一艘唐代货船，出土时船头缺损，只留下部分船身，连尾部拖舵总长12.6米。

别小看这个像大扫把一样的尾舵，它在中国造船史上有着重要的研究价值。这种尾舵是原始手握舵到北宋时期垂直转向舵的过渡型舵，实物为首次发现，被古船研究专家称为"淮北舵"，在船舶操纵器发展史上具有里程碑地位。

唐代货船及舵 淮北市博物馆 供图

木雕长卷（部分）
淮北市博物馆 供图

展厅四周环绕着金黄色的木雕壁画，生动展现了隋唐运河开凿、巡游、漕运、码头的场景。这幅作品出自"木雕之乡"浙江东阳，长52米、高2.6米，分为6个板块，场面宏大、刻画人物多达900人。

壁画第一板块展示了通济渠的流经路线。第二板块是运河开凿画面。第三板块刻画了隋炀帝沿运河南游盛景，其所乘龙舟犹如水上宫殿，随行船只数千艘，浩荡迤逦200余里。第四、五、六板块分别是漕运繁忙图、码头繁忙图、市井繁荣图。从画面中可以看到，运河上舳舻相继，码头边车马喧阗，沿岸街道纵横、店铺林立。隋唐大运河的开通，解决了粮食北运、军力输送等问题，大大促进了当时经济社会的发展。

## 汇聚名窑珍品

大运河遗址发掘的文物珍品数量众多，北宋景德镇窑影青釉抱鞠童俑值得细细观赏。

在"盛世流光"展厅，可以看到这尊小巧可爱的瓷俑。它表现了一个头圆体胖的孩童，双腿盘坐，双手环抱一只鞠球，头戴瓜皮帽，微向后仰，挺鼻，长耳，细长眉眼，小嘴带笑。瓷俑呈浅豆青色，青中透白，白里闪青，恰如唐代诗人杜甫《丽人行》中的名句"肌理细腻骨肉匀"。

北宋影青釉抱鞠童俑
淮北市博物馆 供图

唐代巩县窑三彩狮子抱柱
淮北市博物馆 供图

瓷俑抱的这只球，能够看到3个正面、2个侧面，与宋代十二片皮砌成鞠壳的记载非常相似。这种形象的瓷器出现，说明宋代时蹴鞠运动很普及。

大运河使商品流通、技术交流更加便捷，极大地刺激了古代制瓷业的发展。柳孜遗址出土了大量瓷器，涵盖国内几十座著名窑场的产品。"盛世流光"厅展示了这批瓷器中的精品，它们纵跨隋唐宋金，横跨东西南北，代表了中国古代瓷器生产的较高水平，体现了大运河开放包容、网络四方的功能。

唐巩县窑三彩狮子抱柱、越窑青釉执壶、邢窑白釉碗、寿州窑黄釉缸、宋景德镇窑青白釉瓜棱花插、吉州窑绿釉刻花枕、建窑兔毫盏……各色各样的瓷器流光溢彩，令人目不暇接。

金代磁州窑白釉黑花罐
冯树风 摄

东汉西王母、蹶张、青龙抱鼓石画像石
淮北市博物馆 供图

在一件金代磁州窑白釉黑花罐前，参观者纷纷驻足欣赏。罐身白釉地上以黑彩绘花草纹，草叶波卷缠绵，线条清瘦，构图疏密有致，给人以特别的美感。

唐代开始在陶瓷上装饰花鸟虫鱼类纹样，到宋代随着花鸟画的发展，这类纹样变得十分流行，体现了人们对大自然的热爱和生活情趣。

## 饱览汉画像石

汉画像石是淮北市博物馆的特色馆藏之一。淮北出土的汉代画像石数量众多，内容丰富，基本涉及了国内汉代画像石的所有类型，如石棺墓画像石、石墓画像石、石祠画像石、石阙画像石，题材包括神话传说、历史典故、社会生活、宗教信仰等，具有重要的历史、艺术和科学价值。部分画像石采用立体透视雕刻技法，展现出独特的艺术风貌。

走进展厅，参观者不禁被这些雕刻精美、气势雄壮的画像石所震撼。东汉西王母、蹶张、青龙抱鼓石画像石是一件难得的精品。画像分为正面上部立面、下部弧面和侧面三部分。正面上部立面雕刻着一名蹶张武士，下部弧面雕有一只身生双翼的白虎。侧面有上、中、下三层，上层刻画了西王母端坐在昆仑之墟的天柱上，侍童、九尾狐以及建木环列四

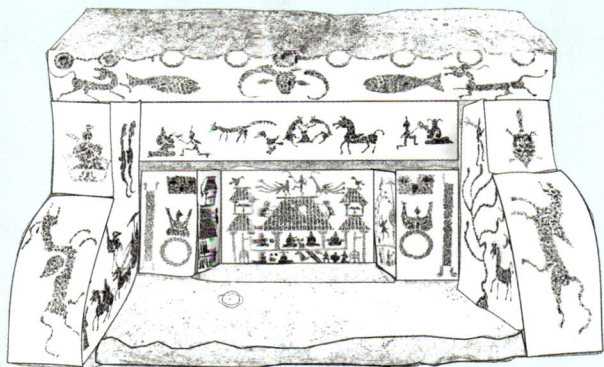

周，这是汉代人向往的神仙世界。中层为狩猎图，右一人纵马张弓追逐一只狂奔的鹿，左一人持毕待捕。下层是车马出行图，右面一辆急驰的轺（yáo）车，舆上竖车盖，驭者和主人坐在车上，车前一导骑，左边一小吏持笏相迎。画像石上的内容，既是对当时社会生活的生动写照，又是对墓主人死后升天的向往和追求，反映了汉代人的生死观和精神世界。

洪山汉代画像石祠造型独特。石祠由前后盖顶石、左右两块抱鼓石形壁石、后龛左右侧壁石、后壁石以及两块基石组成，是一种新的汉代祠堂建筑形制，这在全国为首次发现，是独具地域特色的文化瑰宝。

作为爱国主义教育基地、社科知识普及教育基地，近年来，淮北市博物馆开展了"我们的节日"文化主题活动、非遗技艺体验、"送展进基层""文物知识进校园"系列活动，每年接待观众30多万人次，影响力越来越大。

（韩俊杰　黄顺文）

南京中国科举博物馆

变化鱼龙地
飞翔鸾凤天

南京中国科举
博物馆

南京夫子庙，十里繁华。

南京中国科举博物馆便坐落于此。它的历史很长，其所在乃是江南贡院遗址，已历经800多年风雨。它的历史又很短，2017年开馆，现已跻身国家一级博物馆。

"十载辛勤变化鱼龙地，一生期许飞翔鸾凤天。"博物馆门口悬挂着明末文学家李渔的这副楹联，写出了科举对于古代学子的意义。

## 周边建筑不能高于明远楼

南京中国科举博物馆由博物馆主体中心建筑、江南贡院北部遗址保护区、南苑民俗展示区三部分组成，是一座系统反映中国古代科举制度与科举文化的专题性博物馆，其前身为江南贡院历史陈列馆。馆内藏品主要是文书档案、雕版古籍、书画、家具楹联、陶瓷器、丝织品等。

中国科举制度自隋创立、唐完备、宋改革、元中落、明鼎盛至清灭亡，历时逾千年。作为科举考场的江南贡院始建于南宋乾道四年（1168

明远楼外观　尹晓宇 摄

年），起初为县学、府学考试场所。明初，这里不仅是江南乡试的考场，也是全国性考试——会试的考场。明迁都北京以后，江南贡院成为江苏（包括上海）、安徽士子参加乡试的考场。到清同治年间，江南贡院号舍多至20644间，成为全国规模最大的贡院。

在清代，江南贡院举行过112次乡试，在这里中举而后又中了状元的人占清代状元总数的一半以上，其中江苏49人，安徽9人。唐伯虎、郑板桥、施耐庵、翁同龢、李鸿章等皆在此中举，吴承恩、吴敬梓、陈独秀、张謇等也曾在这里参加过考试。

明远楼是江南贡院的核心建筑，始建于明嘉靖十三年（1534年），"明远"二字取《大学》中"慎终追远，明德归厚"之意。楼高三层，底层四面为门，楼上四面开窗。举行考试时，监临巡察等官员登楼监视考场，"白天摇旗示警，夜晚举灯求援"，以防止考生骚乱、作弊。开考前三天，按例还有僧人道士在明远楼上设坛打醮（jiào）三昼夜，祈求神明保佑学子。

因为科举考试在古代非常重要，在建筑规制上有个讲究，明远楼方圆几里之内的建筑高度不可超过它。夫子庙地区三大古建筑之一的青云楼初建时为三层，因邻近贡院，被改为二层。

如今的明远楼亦是博物馆内的地标性建筑，楼前是一方"墨池"，

号舍遗址

尹晓宇 摄

有"汇墨成池"之意。晚间，在灯光映衬下，楼影婆娑，美轮美奂。

## 吃喝拉撒都在号舍

明远楼的东西两侧是号舍（考棚），如今还能看到当年发掘的遗址。眼前所见的号舍是在遗址上复建而来的。

号舍用《千字文》编号，高六尺（2米），宽三尺（1米），深四尺（1.3米）。号舍之间留一条宽约四尺（1.3米）的狭窄小巷，仅容两人擦肩而过。每一号舍之间以砖墙相隔。号舍没有门，考生对号入座后，自备油布作门帘以遮风挡雨。号舍内墙离地半米左右，砌有上下两道砖槽，上置木板，板可抽动。白天，下层木板当座位，上层木板可作几案写作。夜晚，考生抽出上板与下板相并接，可以欹卧休息。明清乡试、会试均有3场考试，每场考试持续3天2晚。考试期间，考生吃喝拉撒均在号舍之内，不得外出。

由于江南贡院考生众多，考试入场一度成为难题。起初，贡院只有一个入口，入场时常发生踩踏，甚至发生考生还没进号舍就被挤落水而亡的事件。清道光十二年（1832年），林则徐担任江苏巡抚，被指派为乡试监临官。他发现贡院在士子入场、考场管理等方面都需要改进，便向朝廷递送了《请定乡试同考官校阅章程并预防士子剿袭诸弊折》。

奏折得到皇帝批复后，林则徐立即着手改进。他下令把进场大门由二道增至三道，创立了《三门入场法》，即各府、州、县考生根据人数多少分成3个部分，分别由3个大门同时入场。入场从凌晨3时开始，以炮声为信号。之后每隔一小时放炮一响。经过分流，到晌午时所有考生便可全部入场。

## 当状元靠颜值加分

南京中国科举博物馆的展馆是一座下沉式建筑，犹如埋藏在地下的历史宝匣。沿着下行通道来到地下四层展馆入口，迎面矗立的是明代第一位状元吴伯宗家族故居的"科第世家"牌坊。走过牌坊，步入展厅，便开启了一场穿越时光之旅。展厅内有一件国家一级文物——朱元璋手书"国子助教"匾，正是赐给这位状元吴伯宗的。

明洪武四年（1371年），吴伯宗中状元，朱元璋诏授其为礼部员外郎。洪武十年，吴伯宗以礼部员外郎的身份出使安南，并出色完成使命，回国后朱元璋授予他"国子助教"官职，后改任翰林典籍。

明代"科第世家"石牌坊
南京中国科举博物馆 供图

这块匾的边框为红底，绘有万字纹、双铜钱纹、寿字纹。匾面为靛蓝色，以红漆书"国子助教"四个大字和"圣旨"两个小字，上款"洪武十四年辛酉孟春正月"，下款"诰命奉政大夫吴伯宗立"。

吴伯宗虽为状元，但殿试前的会试成绩却只是二甲第24名。殿试后，考官们把考生试卷呈报给朱元璋，拟定的第一名叫郭翀。朱元璋召郭翀上殿，却发现他相貌丑陋。一想到新科状元未来可能要接见外宾、出使他国，朱元璋实在不满意这个郭翀。于是，朱元璋大手一挥，把新科进士都叫上来，改阅卷为阅人。他发现有个年轻人长相英俊，便问其名字，答曰吴伯宗。朱元璋心想，此人相貌堂堂，名字也不错，"伯"意为"老大"，"宗"也有"首"的意思，这不就是上天指定的状元吗？

于是，笔试成绩并非最优的吴伯宗，靠着颜值加分，成为明代第一位状元。

展厅里还有一块珍贵的状元匾，是清乾隆年间状元陈初哲所立"状元及第"匾。匾额四周装饰着镂空雕人物画，描绘了喜得贵子、金榜题名、洞房花烛、告老还乡等场景。

这块匾额展现了4幅具有代表性的生活场景，可以理解为一个士子的一生。状元匾存世极少，此匾保存相对完好，雕刻髹漆工艺精湛，具有很高的历史和文化价值。

# 深入感知科举文化

为了让观众深入感知古代科举文化，博物馆运用了不少现代科技和多媒体手段。

迎宾大厅入口的大屏幕上，播放着"村童闹学""贡院赴考""号舍百态""鱼跃龙门"等主题动画短片，生动展示了古代读书人从幼学启蒙到科举中第的情景。

电影厅采用浮空投影技术将主题影片《千年科举》呈现在观众面前，展示了科举制度以及江南贡院的发展历程。

魁星堂的"魁星点斗"是颇受观众喜爱的互动设备。魁星为古代传说中掌管科举文运的星官，被魁星点中就能在科举考试中独占鳌头。魁星堂用灯光营造出星空璀璨的效果，高高的穹顶上魁星闪耀，参观者站在"星空"下，可以体验被魁星点中、光彩夺目的感觉。

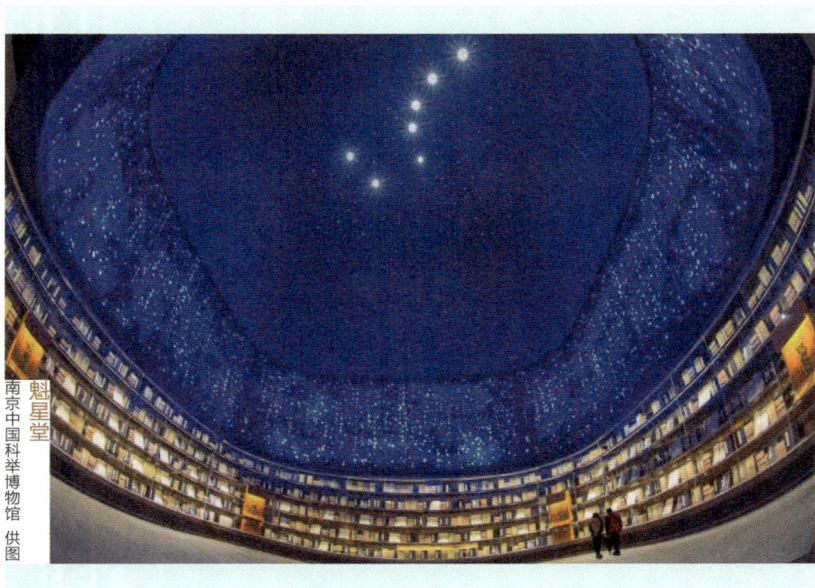

魁星堂
南京中国科举博物馆 供图

"观榜大发现"以明代画家仇英的《观榜图》为蓝本，展现了殿试后人们争相观榜以及皇宫内举行庆典礼仪的情景。图中观榜考生神态逼真，让人真切感到古代士子观榜后的情感起伏。图中还藏有不少知识点，以闪光的形式提示观众点击查看。观看完知识点后，观众还可以到旁边的交互机上参与答题竞赛，获胜者的名字将投射到幕布上，体验"金榜题名"的荣耀。

　　开馆以来，南京中国科举博物馆开展了"状元是怎样炼成的""成长礼""经典诵读"等社教活动达3000场，围绕科举文化推出了六大类920种文创产品。观众通过参观展览和参与活动，可以全面、深入了解古代科举制度及其蕴含的当代价值，加深对博大精深的中华文化的理解。

（尹晓宇　文）

南京中国科举博物馆

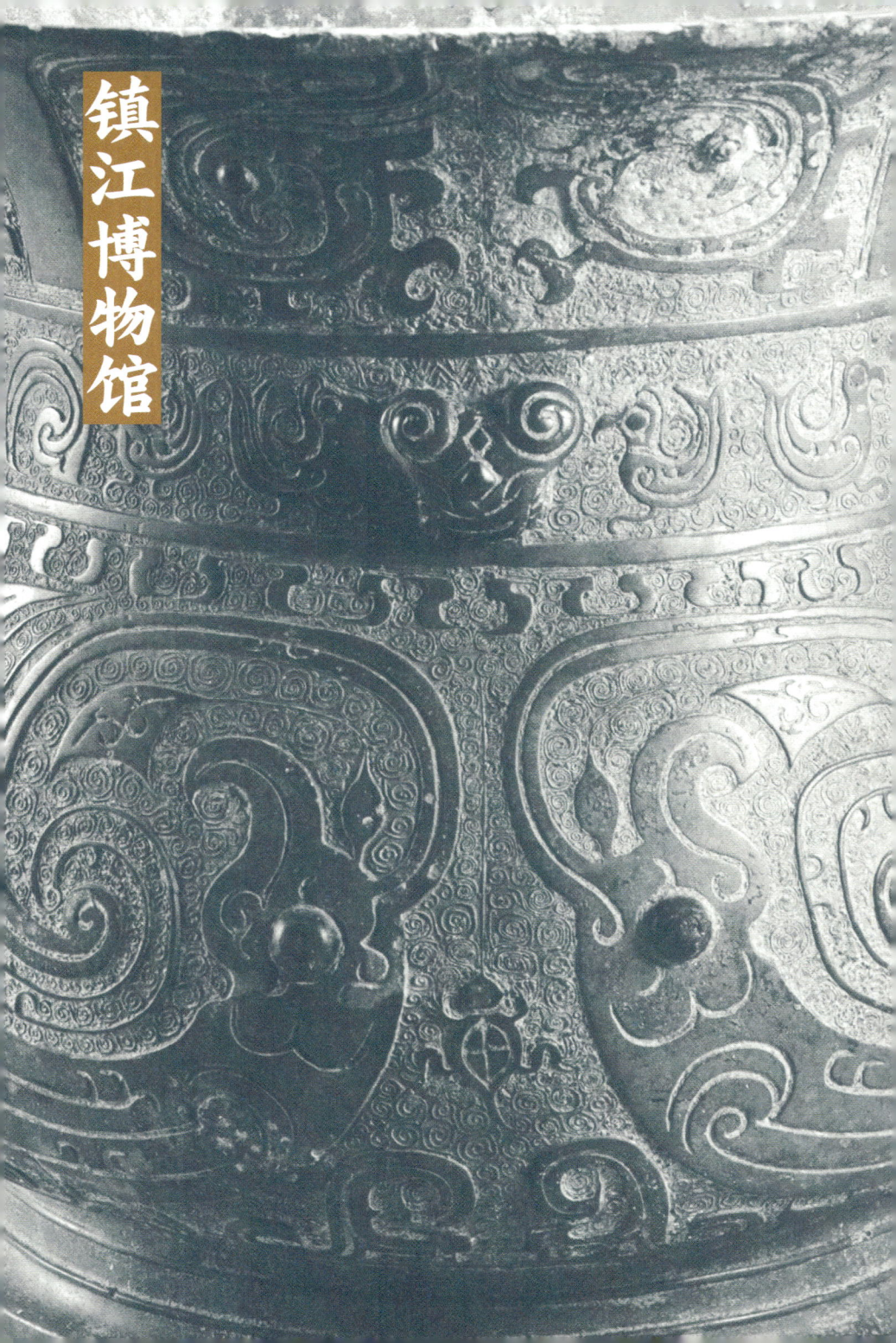

# 西津渡旁 访吴风

江苏镇江西津渡，是长江边上一个著名的千年渡口。三国时期，这里曾驻有孙权的东吴水师。历代文人留下了不少与西津渡有关的诗词名篇。

镇江博物馆就坐落在西津渡旁，原馆舍为镇江英国领事馆旧址，是全国重点文物保护单位。改扩建后的镇江博物馆是一座花园式的博物馆，秀雅的建筑与蓊郁的草木相映成趣。

镇江博物馆外观

镇江博物馆 供图

镇江博物馆珍藏着4万余件（套）从新石器时代至明清时期的文物，其中国家一级文物103件（套）。馆内常设青铜器、陶瓷器、金银器、工艺品、佛教文物等专题展览。

## 青铜器映照古吴遗韵

西周及春秋时期吴国青铜器是镇江博物馆的特色馆藏之一。吴国青铜器在形制、纹饰、铸造工艺上受到中原地区青铜文化影响，又具有独特的地域风格。

走进青铜器展厅，镇江出土的各式青铜器映入眼帘。与庄重浑厚的中原青铜器相比，吴国青铜器更显轻巧清秀，色泽也有别于其他地区的青铜器。

1976年出土于镇江丹阳司徒公社西周窖藏的青铜凤纹尊，是镇江博物馆馆藏青铜器中的国宝级文物。尊是商周时期重要的礼器和酒器。青铜凤纹尊高30厘米，口径41厘米，通体纹饰华丽精美。口沿下有圈带状鸟纹，腹部以云雷纹作地，主体为两对大型凤鸟纹，凤鸟展翅挺立，眼睛炯炯有神。凤鸟之间点缀着两只小型动物纹饰，形似蛙或龟，专家推测为一雌一雄，可能是族徽。

青铜凤纹尊的造型、纹饰与陕西扶风出土的丰尊颇为相似，但纹饰细节有所不同。它体现了吴文化与中原文化的融合，表明当时吴国青铜器铸造水平不亚于中原。

西周鸳鸯形尊也是吴国青铜器的典型代表。全器素面无纹饰，整体作鸳鸯形，造型逼真写实，富有生活气息。鸳鸯体型丰腴，昂颈平视，头顶一冠，背部设一喇叭形

口，双脚并立，与后部一螺旋形支柱共同支撑全器。商周青铜器中有不少仿鸟兽形状的尊，如鸟尊、牛尊、虎尊、象尊等，而用鸳鸯作尊的形制则较为少见，体现了浓郁的地方特色。

## 黑釉瓷见证汉代风俗

陶瓷展厅展出文物近200件，年代跨度从新石器时代晚期到清代，以两周时期几何印纹硬陶、原始瓷、六朝青瓷、清代官窑瓷器为大宗。

展柜里有一件东汉时期的黑釉小罐，看起来其貌不扬，但在当时却是稀罕物件。黑釉瓷是在青瓷的基础上发展而来，出现时间约在东汉中晚期，通常以氧化铁作呈色剂。早期成功的黑釉瓷器作品发现不多，到两晋时期烧制技术臻于成熟后，黑釉瓷器才逐渐盛行。

这件黑釉瓷罐出土于镇江丹阳一座汉墓中，其高3.7厘米，口径3.5厘米，十分小巧。罐胎紫褐色，釉层丰厚，釉面滋润，色黑如漆。小罐颈部有两个对称穿孔，可以系绳悬挂，专家推测为鸟食罐。该墓还出土了一件银错金铜带钩，有"永元十三年五月丙午日钩"铭文，东汉永元十三年即101年。纪年铭文的发现，使这件小罐成为目前国内发现最早的有纪年可考的黑釉瓷器。

汉代有养鸟的风气，李商隐的《义山杂纂》中说："至汉而养鹦鹉者纷纷矣。"作为养鸟标配的鸟食罐，不单有喂鸟的功能，还成为养鸟人炫耀的资本。这个黑釉瓷罐，正是汉代养鸟之风盛行的佐证。

东汉黑釉瓷罐
镇江博物馆 供图

元代青花云龙纹瓷罐是瓷器展厅里引人注目的精品。罐腹饰有云龙纹，采用先刻后画的工艺制成，是制瓷工匠弃刀用笔过渡时期的佳作。龙小头细颈，身姿矫健，四爪强劲，腾跃于云中，活灵活现。此罐出土时，罐内装有一批元代银器，其中一只银盘刻有阿拉伯文回历纪年铭文，为回历七百一十四年一月，即元仁宗延祐元年（1314年），它为考证此罐大致的年代提供了依据。

## 金银器镌刻大唐盛景

金银器展厅里，一件件精美文物镌刻着古代镇江的繁华印迹。镇江是大运河的重要流经地，唐代以来，随着大运河的繁荣，镇江的经济文化日益发达。"安史之乱"后，唐王朝的经济重心南移，南方逐渐成为金银器制作中心，尤其是镇江等地，金银器制作工艺十分高超。

镇江丁卯桥是出土唐代金银器的三大著名窖藏之一。丁卯桥附近曾是码头，大批货物在这里集散。1982年在丁卯桥发现的唐代窖藏中，金银器多达956件，总重量约55公斤，器型包括酒器、食器、盛器及女子梳妆用的发钗、手镯等。

经专家鉴定，这批金银器均为唐代遗物。不少器物的底部、侧面或是不显眼的位置上，都錾刻着"力士"铭文。有专家推断，"力士"可能是当时金银器的一个品牌，有名牌商标的含义。从这些金银器的纹饰可以发现，唐代金银工艺品已将外来文化与中国传统文化很好地融合。细密繁复、象征性较强的波斯风格纹饰被吸收借鉴，并加入了中国人喜爱的鱼纹、凤纹等纹饰。

鎏金双凤纹带盖银盒是这批文物中的珍品。银盒通体鎏金，盖面高高隆起，似一朵倒置的莲花。盖面锤刻以衔草翱翔的双凤为主体的花纹，周围环绕8对飞雁，并间饰以缠枝莲纹和鱼子纹。盖口沿和盒身上腹部均

刻有8对奔鹿，下腹部錾刻8朵牡丹团花。高圈足一周刻10只大雁，圈足边缘刻变体莲瓣纹带。

此银盒华丽端庄，錾刻的花鸟动物纤毫毕现，神态生动，体现了唐代金银器制造的高超水平。双凤、对雁、雌雄双鹿和莲花、牡丹等图案寓意百年好合、富贵团圆，反映了古人的吉祥观念。盒外底部刻有"力士""伍拾肆两壹钱贰字"字样。

"与朋友交，言而有信，请人伴十分""敏而好学，不耻下问，律事五分……"这是唐代的酒令，来自丁卯桥出土的一套银鎏金酒筹筒。这套酒筹筒是跟酒旗等酒宴文物一起出土的，由龟形座和圆柱形筒两部分组成，造型奇巧，纹饰繁复精美。龟背中央设双层仰莲，上承圆柱形筒。筒盖周饰卷边荷叶纹，顶钮饰莲花。盖侧饰鸿雁及卷草纹、流云纹，盖钮与边沿有银链相扣。筒身正面錾双线长方框，内书"论语玉烛"四字，两边一龙一凤盘绕，以缠枝花叶和卷云纹相衬。

酒筹筒内盛放着50根长方形酒筹，上面刻有《论语》文句和饮酒规定。如"有朋自远方来，不亦乐乎，上客五分"，就是说朋友来了，大家都高兴，酒筵上的贵客都喝半杯酒，主人不用喝。这组酒宴行令专用器在唐代出土文物中属首次发现，反映了大唐盛世热闹多彩的酒文化，2013年被列入《第三批禁止出境展览文物目录》。

## 工艺品折射文人雅趣

工艺品展厅的近百件文物分为金属、漆艺螺钿、丝绸、雕镂、文房用品、玉石杂件六大类，展现了中国传统工艺的精湛技艺和审美格调。

宋代是团扇盛行时期，也是扇面绘画发展相对成熟时期。南宋周瑀墓出土的雕漆镂空团扇，浑圆光润，工艺精巧，是难得一见的宋扇珍品。

周瑀是宋代的一位太学生，墓中随葬的团扇应是他生前所爱之物。扇柄头部刻有"君玉"二字，或为周瑀之号。扇面呈椭圆形，细木杆为轴，竹篾丝为骨，左右两侧各以月牙形扇托托护扇面。扇面裱纸施柿汁，素面无纹。扇柄采用脱胎和剔犀两种髹饰工艺制成，形似橄榄，中间略粗

两端稍细。柄把镂空，透雕3组如意云头纹，镂空花纹可围绕杆轴自由转动。扇柄表层髹黑漆，约5毫米宽的镂空刀口处可看到10多道红漆，每道间以黑漆，细若发丝。这件团扇所用的镂空雕漆工艺在以往出土的文物中极为少见，是国内考古发现年代最早、保存最完善的雕漆器之一。

清陈鸣远手制紫砂笔筒、象牙八仙上寿臂搁、齐白石刻青田狮子钮大石印……琳琅满目的工艺品吸引了不少参观者驻足欣赏，赞叹不绝。

未来，镇江博物馆将展示镇江近现代史，还将设立青少年活动中心、小影院等，进一步拓展公共教育服务。

（尹晓宇　文）

一六五

镇江博物馆

常熟博物馆

常熟
博物馆

　　"七溪流水皆通海，十里青山半入城。"常熟为国家历史文化名城，隶属江苏省苏州市，山川秀美，文脉悠长。大约7000年前，马家浜文化先民就在此生活，后继有崧泽文化、良渚文化在这里繁荣发展。商代末年，周太王之子泰伯与仲雍自渭水流域而来，建立"勾吴"古国，成为吴文化发祥地。春秋时期，言偃北学孔门，被尊为"南方夫子"。明清之际，以常熟虞山命名的虞山琴派、虞山诗派、虞山画派、虞山印派和虞山派藏书名动一时。

　　常熟博物馆坐落在古城区虞山东麓，1997年建成开馆，虽为县级博物馆，但当地深厚的历史文化底蕴，使其馆藏颇具特色。馆内藏有上迄崧泽、良渚文化，下至新民主主义革命时期的各类文物2万余件（套），其中以书画、陶瓷、玉器三大类为主，藏品数量、文物等级在全国同级博物馆中名列前茅。

## 玉中良渚第一龙

良渚文化是中国原始社会晚期最重要的古文化之一，距今约5300—4200年，主要分布于长江下游南岸与杭州湾北面之间的太湖平原和杭嘉湖平原地带，以发达的水利工程、制作精美的玉器等闻名于世。1993年，常熟罗墩村发现一处良渚时期人工堆筑的土墩，是环太湖地区一处重要的良渚文化早期遗址，从中出土了一批玉器、陶器、石器。

常熟博物馆玉器展厅中有一件珍贵的双龙连体环形玉佩，正是来自罗墩遗址。此玉佩由透闪石质软玉制成，通体磨光，形如小璧；中心孔对钻，留有较明显台痕。在边缘的一侧雕有两个头向相对的龙首，雕琢长度约占整器外缘的1/2；另一半则自然合为双龙的龙身。全器造型规整、对称，具有稳重、静穆的艺术效果。这件玉佩是良渚文化中迄今所见年代最早的龙形玉器，有"良渚第一龙"的美誉。

另一件神兽纹玉琮（cóng），也是良渚文化的珍品。玉琮出土于常熟庙桥村嘉菱荡良渚文化遗址，距今约4500年。全器通高15.8厘米，长方柱形，外方内圆，上大下小，中心圆孔对钻，内外磨光。玉琮四面平整，每面中间皆刻竖槽将其一分为二，并以5条横槽将整面平均分为6

节。每节以转角为中轴线，雕刻简化神人兽面纹4组，全器共24组。图案繁缛，布局对称，线条细微处优如毫发，其刻工之精，令人赞叹。

　　玉琮是良渚文化中的典型器物，大多数学者认为其属于与神祇崇拜有关的礼器，《周礼》中有"黄琮礼地""璧琮以敛尸"的记载。良渚玉琮内圆外方，圆象征天，方象征地，琮具方圆，象征天地的贯穿。

明代青花缠枝茶花纹宫碗
常熟博物馆 供图

清代珐琅彩过枝芙蓉花纹盘
常熟博物馆 供图

## 明清瓷器耀华彩

　　西晋青瓷、明清青花和彩瓷是常熟博物馆瓷器收藏的亮点，尤以明清官窑瓷器为最。

　　明正德青花缠枝茶花纹宫碗庄重典雅、雍容华贵，属正德官窑中的极品。此碗直口、圆唇、深腹，呈墩子式。釉面滋润肥亮，釉色白中闪青，碗心内饰一折枝茶花，外壁绘缠枝茶花8朵，上下边饰分别为带状如意纹和变体仰莲纹，足底有青花"正德年制"楷书款。

　　据专家介绍，此类口沿较直、腹部宽深、外观庄重而又实用的碗，在宣德时期被称为"宫碗"，其样式在正德时为官窑器所常用。此碗造型规整，构图严谨，与中国台湾《明代陶瓷大全》中一件正德青花牡丹纹大碗形制基本相同，但纹饰更为精细。其色泽浓艳鲜丽，在正德青花中较为少见。

　　清乾隆珐琅彩过枝芙蓉花纹盘是一件令人眼前一亮的艺术品。瓷盘造型规整，胎质致密，施釉温润细腻。在白如霜雪的盘面上，以过枝法绘迎风怒放的粉色芙蓉花3朵和含苞待放的花蕾4朵；缀连花朵的是淡绿和深绿的枝叶；花朵上方有一只展翅飞舞的蜻蜓，栩栩如生。瓷盘外绘有芙蓉花、花蕾各1朵，间设菊花2朵。瓷盘交替使用珐琅彩和粉彩两种颜料绘画着色，粉彩因有玻璃白打底晕染，使花瓣呈现出薄而艳丽、层次分明的艺术效果。而珐琅彩由于彩料较厚，有堆料凸起的感觉，更增加了花蕊的立体感。

珐琅彩瓷器始于清康熙年间，多为杯盘、壶瓶等小件，专供皇帝、妃嫔玩赏和一些宗教、祭礼活动之用，其最大的特点是使用进口珐琅彩原料，以西洋油画技法在瓷器上绘制图案。雍正时期，珐琅彩瓷制作技艺趋于精进，所用瓷胎绝大多数在景德镇御窑厂烧制后送到清宫，再由宫廷画家绘图后二次烘烧。乾隆前期，珐琅彩瓷在雍正朝的基础上继续烧造，后因乾隆偏爱景泰蓝而逐渐退居次要地位。这件瓷盘即为乾隆时期作品，其瓷胎仍为造办处库存的上等白瓷，而绘画着色则采用珐琅彩和粉彩两种颜料。由于嘉庆朝鲜见御用珐琅彩瓷器，故此盘对于研究其工艺的转变和衰落有重要价值。

## "四王"山水韵悠长

明清书画是常熟博物馆藏品中最具特色的部分。清初，江南画家王时敏、王鉴、王翚（huī）、王原祁并称"四王"，其山水画对清代画坛影响颇深。常熟博物馆收藏多件"四王"作品，其中，以王时敏《仿古山水》册、王翚《芳洲图》轴最负盛名。

王时敏是江苏太仓人，为清初"四王"之首。其所作《仿古山水》册共十开，四开设色，六开水墨。其中，仿董源、巨然、赵大年、赵伯驹、米芾、赵孟頫、倪云林、吴镇各一开，仿黄公望二开。此作构图稳重，落笔沉着，色彩明丽，气韵温润苍古。虽为仿宋元各家山水，亦有作者自己的风貌。

清代王时敏《仿古山水》册（部分）
常熟博物馆 供图

　　王翚为常熟人，"虞山画派"鼻祖。《芳洲图》是王翚76岁时为好友许天锦（号芳洲）所作。此图为绢本，青绿设色，纵185厘米，宽84.5厘米，画面布局恢宏，构图严谨。前景绘大树三株，夹江掩映，其下一舟横渡，群雁争飞。中景为一组村舍，错落有致，意境悠然。其上群峰屹立，层层推远。全图动静结合，气势连贯，用笔水墨滋华，精纯熟练，充分体现了王翚的艺术造诣。

清代王翚《芳洲图》轴
常熟博物馆 供图

　　明清时期，江南富庶，收藏成为当地的时尚。常州古里瞿氏的铁琴铜剑楼，为清代四大私家藏书楼之一，自乾隆时的瞿绍基起，即收藏古籍善本、金石古玩，其后代代相沿，成为史上少有的五世收藏之家，收藏总量达数千件。王翚《芳洲图》轴便出自其中，1982年由第五代楼主瞿凤起捐赠家乡。

# 楞严孤本世稀有

晚清翁家是常熟的望族，为常熟官宦家族收藏的代表，其中以同治和光绪帝师翁同龢的收藏最著。

常熟博物馆有一套元写本《楞严经》，为翁同龢旧藏，孤本，2008年入选《国家珍贵古籍名录》。此经书现存6卷，每卷1册，分为两函。封面中间书写经名，底部书"元僧世珠手录"和"嘉定胡徵珍藏"。经名旁侧绘双龙戏珠和莲花盛开图案。首册经书的开卷页上绘有礼佛图。封面图文和礼佛图俱用金粉绘制，内页经文则用银粉书写，字迹端庄秀美。经书上有多处翁同龢的题跋和印鉴。

元写本《楞严经》
常熟博物馆 供图

据翁同龢文稿记载，此纬经系元代吴江永兴禅寺僧世珠抄录。清初，经书为嘉定人胡徵所得，请书法家抄录并精心装裱。光绪年间，经书辗转至北京为翁同龢所得。身为书法家的翁同龢极为推重此经："山僧笔势妙翩翩，定于吴兴证墨祥。……此唐人写经正轨，参以鸥波（指赵孟頫，编者注）笔法，遂尔洒然。"他将经书送往常熟三峰寺收存，后又转为常熟宝岩寺收藏。1957年，宝岩寺僧含晖将其捐出。

近年来，常熟博物馆致力于打造精品展览，2017年"山水清晖——虞山画派精品特展"、2018年"万里江海通——江南与海上丝绸之路特展"等取得良好反响。2019年在日本长崎举办的"风雅江南——常熟博物馆藏文房珍玩展"，受到日本观众欢迎。

常熟博物馆馆长谢金飞表示，作为长三角地区唯一的县级国家一级博物馆，常熟博物馆未来将积极推动新馆建设，着力体现地域特色，使博物馆成为公众向往的"历史教育场所、知识学习场所、艺术享受场所、娱乐休闲场所和素质培养场所"。

（尹晓宇 文）

江苏徐州，古称彭城，自古乃兵家必争之地。西楚霸王项羽曾以彭城为都，汉高祖刘邦的故乡也在这里。公元前201年，刘邦废楚王韩信，封少弟刘交为楚王。同年，于彭城建都。西汉时期，先后历十二代楚王；东汉时期，历一代楚王、五代彭城王。徐州地区分布着多座汉代诸侯王陵墓，这些王陵出土的大批珍贵文物现今多收藏在徐州博物馆。

徐州博物馆由陈列楼、西汉采石场遗址、土山东汉彭城王墓、清乾隆行宫四部分组成。基本陈列包括"古彭千秋""大汉气象""天工汉玉""汉家烟火""俑秀凝华""金戈铁马"等，全面展示了徐州丰富璀璨的历史文化，尤以汉文化最具特色。

## 金玉奇珍

徐州博物馆许多闻名遐迩的珍藏来自狮子山楚王墓。据研究，墓主人或为第二代楚王刘郢（也作刘郢客）。整个陵区规模较大，包括狮子山、羊鬼山、绣球山3座山峰，除楚王和王后墓外，还分布着数量众多的

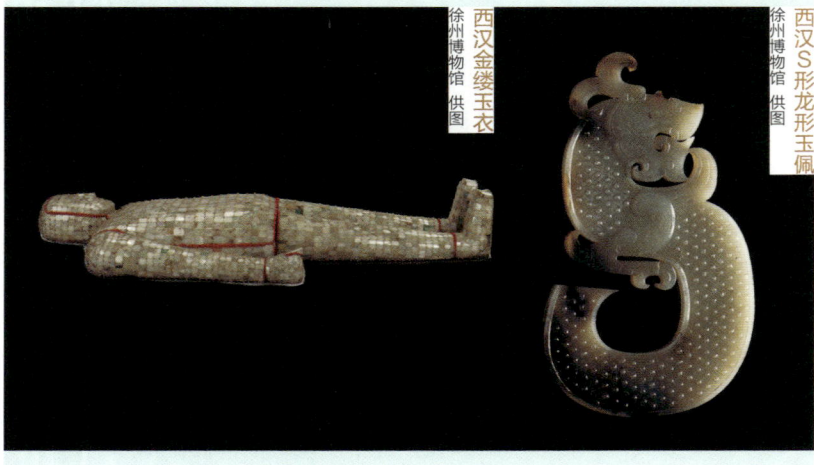

西汉金缕玉衣
徐州博物馆 供图

西汉S形龙形玉佩
徐州博物馆 供图

陪葬坑、陪葬墓、陵寝建筑遗址等。楚王的墓葬位于狮子山，虽然在古代已被盗掘，但仍出土文物近2000件（套），其中最著名的当属金缕玉衣。

玉衣是汉代皇帝和高级贵族死后穿的殓尸用具，用金属丝或丝线将玉片连缀而成，又名"玉柙""玉匣"。已出土的玉衣资料显示，西汉诸侯王、列侯的玉衣多数是金缕，也有使用银缕、铜缕和丝缕者。东汉时期则表现出较为严格的等级差别，从考古发掘来看，东汉诸侯王、列侯没有使用金缕玉衣的，都是用银缕、铜缕或鎏金铜缕，这与《后汉书》中的相关记载吻合。

狮子山楚王墓金缕玉衣出土时严重散乱，曾被盗墓者从棺室中拖至塞石上，抽走金丝。出土的4000余片玉衣片，玉质温润，表面经过打磨抛光；尺寸都比较小，最大的不足9平方厘米，最小的还不到1平方厘米，有的厚度仅1毫米；形状多样，有正方形、长方形、半月形、三角形等。2001年，徐州博物馆对金缕玉衣进行修复。修复后的玉衣由头罩、前胸、后背、左右袖筒、左右裤管等十余部件组成，玉片总数4248片，穿缀玉片用的金丝重1576克。这件金缕玉衣是国内出土年代最早、玉片数量最多、玉质最好、制作工艺最精的玉衣。

除了玉衣，狮子山楚王墓还出土了多种精美玉器，有玉戈、玉璧、玉佩、玉璜、玉卮、玉杯、玉带钩等，体现了汉代高超的制玉工艺。展柜里一件龙形玉佩颇为吸睛。它以和田玉雕琢而成，莹润光洁。龙蜷曲呈S形，张须露齿，双目圆睁，鬣毛向两边卷曲，颈部以阴线刻出一圈绞丝纹，前肢曲折，龙尾上卷并平削，通体饰勾连涡纹。这件玉龙继承了战国玉龙的雕琢风格，与安徽长丰杨公战国晚期墓葬中出土的玉龙风格非常接近，类似的玉龙还在广州南越王墓中有发现。这种S形玉龙多见于西汉早期王侯墓，这一时期的玉龙着重表现龙的力量和气势，不同于西汉中期以后突出表现龙的温顺、静谧的艺术风格。

金带扣也是徐州博物馆颇负盛名的珍品。楚王墓外墓道西侧出土了两条形制相同的金扣嵌贝腰带，腰带两端为纯金带扣，中间为丝带编缀3排海贝组成的带体，海贝中夹缀了数朵金片制成的花饰。两副带扣厚度和重量不同，尺寸和纹饰基本相同。图中这副金带扣由两块长方形金带板和一枚金扣舌组成。带板正面纹饰采用浅浮雕，主体为猛兽咬斗场面，动物形象雄健有力，周边为勾喙鸟首纹。中部有两个横向双环钮，每块带板内下角各有一个略近三角形的小孔，以便扣舌穿入。扣舌形状似鸟舌，后部有穿孔。

徐州博物馆

西汉金带扣
徐州博物馆 供图

金扣腰带是北方草原游牧民族常用的带具，由于其华贵精美，为汉代贵族所推崇。狮子山楚王墓出土的这副金带扣从造型、工艺等方面看，是目前所见汉代最华美、系结方式最先进的带扣。虽然纹饰主题是草原猛兽搏斗，但从铸造工艺、系结方式来看，应为中原制品。

## 陶俑百态

汉代非常流行陪葬陶俑，徐州出土汉代陶俑6000件以上，是两汉时期除都城长安以外发现陶俑数量最多的地区。徐州博物馆藏有大量汉代陶俑，其中不乏国内少见的精品。陶俑种类丰富，形态活泼，反映了当时的宫廷生活。

北洞山楚王墓出土彩绘执兵陶俑151件，色彩明艳，服饰细节生动，极大地丰富了汉代早期服饰资料。展柜里陈列着4件戴帽执兵陶俑，头戴酱紫色帽，身穿二重右衽曲裾深衣和肥袴，面部细眉长目，留有不同样式的八字胡，神态各异；胸前佩长剑或环手刀，腰间束带并悬挂组带和绶

西汉彩绘陶执兵俑

徐州博物馆 供图

带，双手半握拳执兵器。部分俑的绶带所系长方形物上有"郎中"二字。郎中即廊中，廊指宫廷之廊，据此推断，这批彩绘俑应是楚王的宿卫侍从。

另一组彩绘背箭箙（fú）陶俑也来自北洞山楚王墓。此类俑共出土64件，均戴帽，身佩长剑，背负箭箙。箭箙通过腋下和左肩的三根带子固定，系结于胸前，便于背负和奔跑。陶俑双手半握拳于腰两侧，左手略高于右手，掌心向下，做持物状，可能是双手持弓。一些陶俑右胯绶带上亦有墨书"郎中"或"中郎"字样。

身姿曼妙，长袖飞舞，展厅中一组驮篮山楚王墓出土的彩绘舞俑令人驻足。曲裾衣陶舞俑身着右衽曳地长袍，上体前倾，左臂自然垂于体侧，右臂高高上举，长长的衣袖如瀑布般垂落。绕襟衣陶舞俑面容清秀，身体随着舞步变化呈现S形，双臂上举，左右上臂前后各刻有一个"五"字，衣袖从空中甩向身后，动感十足。从造型上看，舞俑跳的应是当时盛行的长袖折腰楚舞。北洞山楚王墓也出土了20件类似的舞俑，手臂弯肘

西汉曲裾衣陶舞俑　徐州博物馆　供图

西汉绕襟衣陶舞俑　徐州博物馆　供图

处也刻有"五"字，笔画内填红彩。这样的绕襟衣陶舞俑在其他地区未见出土，因此是了解西汉早期舞蹈样式的重要实物资料。除了翩跹动人的舞俑，驮篮山楚王墓还出土了抚瑟俑、击磬俑、吹奏俑等神态逼真的乐俑，再现了楚王宫中莺歌凤舞的景象。

## 土山探秘

徐州博物馆北侧有一座土山，包含3座东汉墓葬。其中，一号墓规模较小，三号墓可能为废弃墓，二号墓从1977年发现到2020年发掘完成，历时40余年，入选2020年全国十大考古新发现。

土山二号墓规模宏大，结构复杂，墓主人为东汉楚王或彭城王，具体身份仍有争议。墓上有高约16米、底部直径近百米的圆形封土。二号墓采用室内揭盖式发掘，自上而下把墓室上面的土石逐层清理掉，直至揭露到墓室底部。

据史籍记载，元人贾胡曾在土山上建一草庐，用20年时间盗掘此墓。徐州博物馆考古部主任耿建军介绍说，考古发掘所见与史料记载的盗墓情况基本相符。盗洞位于墓葬封土的西北角，洞中清理出玉衣残片、漆木器、铜器等，墓室中的陪葬品也被移位。

土山二号墓封土内发现封泥4500余枚，主要是西汉楚国官印封泥，还有私印封泥及无印封泥。数量巨大的西汉封泥从何而来，又为何出现在东汉王陵中？耿建军推测，或许是楚官废弃物堆积在泥土中，后被挖来作为王陵封土。

墓室由耳室、甬道、前室、后室、回廊构成，按照功能区分放置不同的陪葬品，共出土陶器、玉石器、铜铁器等文物350余件。后室为棺室，中间为石砌棺床，东西并列两具漆木套棺，同时还出土银缕玉衣和鎏金铜缕玉衣残片，结合人骨鉴定的结果，可确定为夫妻合葬。东回廊内葬

一人，使用单层梓木漆棺。考古队员在棺内发现一簇形如莲子、大小均匀的蓝绿色椭圆琉璃珠，大约75枚，后确认为早期的围棋。前室放置2件四足石案，其中一件石案上覆盖绢类丝织物，上有纵横各17道墨线，同时还发现了88枚椭圆形黄铜珠，应为围棋盘和围棋子。黄铜棋子与琉璃棋子形制大小相同，印证了汉代对弈双方是以棋子的质地和颜色来区分。

"未来这里将建成考古博物馆，让观众近距离感受考古发掘现场，还会加入一些与考古相关的公共教育课程。"徐州博物馆馆长李晓军介绍，2021年起，徐州博物馆对一些展厅陆续进行升级改造，提升文物保护水平和参观体验。此外，还将在2020年成立的"淮海经济区博物馆联盟"基础上，进一步推动苏鲁豫皖4省10市博物馆协同发展，推出一批学术与科研成果。

（尹晓宇 文）

龙华烈士纪念馆

血染芳华
别样红

　　上海市西南的龙华地区，有一大片桃林，每到芳菲季节，灼灼桃花惹人流连。龙华观桃是上海历史上的胜景，但当年居住上海的鲁迅却在一封信中说："至于看桃花的名所，是龙华，也有屠场，我有好几个青年朋友就死在那里面，所以我是不去的。"

　　鲁迅先生提到的青年朋友，就是1931年2月被国民党反动派杀害的"左联五烈士"柔石、胡也频、殷夫（白莽）、李伟森、冯铿。他们的就义地，如今是龙华烈士陵园。

龙华烈士纪念馆外观
龙华烈士纪念馆 供图

步入陵园，园名牌楼、纪念碑、纪念馆、无名烈士陵等一系列建筑井然有序地坐落在南北轴线上。素色花岗石阶梯与金字塔形蓝色玻璃幕墙构成的龙华烈士纪念馆庄严肃穆，让人不由得放慢了脚步。

## 墙外桃花墙里血

龙华烈士陵园内有一处全国重点文物保护单位，也是全国重点烈士纪念设施保护单位——龙华革命烈士纪念地。这里原为国民党淞沪警备司令部旧址，也是龙华革命烈士就义地。据史料记载和老同志回忆，这里先后关押了近万名革命志士，约有千人遇害。他们大多被秘密杀害，身份已无法全部核实。在龙华烈士陵园内长眠的1700多位革命烈士中，很多是中国共产党成立初期担任重要职位的革命先驱，罗亦农、彭湃、陈延年、陈乔年、赵世炎等烈士均就义于此，他们牺牲时大多只有二三十岁。

龙华革命烈士纪念地（原国民党淞沪警备司令部旧址）

龙华烈士纪念馆 供图

1983年，赵世炎烈士的遗孀夏之栩给中央领导写信，建议充分利用上海龙华革命遗址，整修龙华烈士陵园。夏之栩的呼吁很快得到中央领导的回复。邓小平题写园名，江泽民题写碑铭，陈云题写馆名。1997年，龙华烈士纪念馆建成开馆。龙华烈士陵园也全面建成。2020年12月，龙华烈士纪念馆被评为国家一级博物馆。

"龙华千古仰高风，壮士身亡志未穷。墙外桃花墙里血，一般鲜艳一般红。"在复制的龙华监狱墙壁上镌刻着一首诗，格外引人注目。它的作者叫张恺帆，时任中共上海沪西区委书记，1933年冬被押至龙华监狱。他在狱中为缅怀"龙华二十四烈士"而作此诗，并联合狱友成立"扪虱诗社"。据《晋书·王猛传》记载：东晋大将军桓温兵进关中，隐士王猛谒见，一面纵论天下大事，一面伸手入衣襟中捉虱子，放达从容，气度非凡。龙华监狱中的共产党人在生死存亡之际成立"扪虱诗社"，这份高洁与乐观，令人心折。

## 舍却身家干革命

龙华烈士纪念馆展陈面积约6000平方米，分上下两层，基本陈列"英雄壮歌——上海英烈纪念展"用1500余张照片、400余件实物，讲述了自辛亥革命以来250余位革命先烈的事迹。

"九点到独秀家，将望道译的《共产党宣言》交给他。我们谈些译书的事，总该忠实精细……"纪念馆二层展厅里，一本纸面泛黄的日记，诉说着百年前的故事。年届古稀的上海党史学会副秘书长俞敏是日记主人俞秀松的继子。作为烈士后人，俞敏常年担任龙华烈士纪念馆的义务讲解员。"先辈们的英雄事迹，我们有责任把它讲好，把他们的精神传承下去。"他满怀深情地讲述道：俞秀松出生于浙江诸暨一户耕读之家，17岁就立志"让天下人有饭吃"。走出家乡后，他逐渐接受、信仰了马克思主

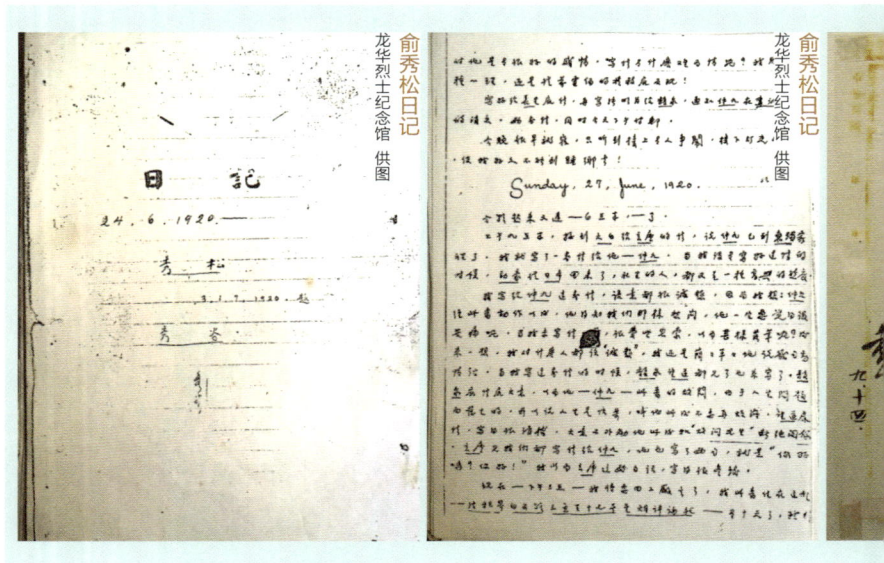

俞秀松日记

龙华烈士纪念馆 供图

俞秀松日记

龙华烈士纪念馆 供图

义，并参与了中国共产党和社会主义青年团的创建。这份日记写在老式线装练习簿上，连封面共有62页，详实地记录了俞秀松1920年6—7月的一段重要人生经历。它记载了中国第一个共产党早期组织成立于1920年夏，最初的名称是"社会共产党"，后在李大钊建议下改为"共产党"。日记还记载了《共产党宣言》中文全译本的翻译和问世过程。

这份独一无二的一手资料，对于研究中国共产党成立的历史、传承党的红色基因，有着不可替代的意义。20世纪90年代，俞秀松烈士的夫人安志洁将它捐赠给龙华烈士陵园。这本日记被认定为国家一级文物，成为龙华烈士纪念馆的"镇馆之宝"。

"革命不是请客吃饭，不是做文章……革命是暴动，是一个阶级推翻另一个阶级的暴烈的行动。"老一辈革命家自从加入了中国共产党，就默认了舍生取义是随时可能发生的事。1931年，中共广东省军委书记李硕勋从上海赴海南指导武装斗争，因叛徒出卖不幸被捕。他给妻子赵君陶写信道："余在琼已直认不讳，日内恐即将判决。余亦即将与你们长别。在前方，在后方，日死若干人，余亦其中之一耳。死后勿为我过悲。惟望善育吾儿……"

而今，我们看着这封字迹雅致的信件，深深感到革命志士对亲人万般牵挂，却又带着这份感情，义无反顾地走向刑场。

李硕勋出生于四川宜宾高县一个富裕家庭，接受了完整的新式教育。他本可以过着衣食无忧的生活，却偏偏选择了一条荆棘丛生的革命道路，成为中共早期领导军事斗争的先驱之一。在追求信仰的道路上，一大批共产党人抛却个人利益，捐躯赴国难，视死忽如归。

### 囚车见证伉俪情

来到纪念馆一层展厅，展柜里一件有破洞的毛背心引起了观众的注意。低头一看展签，原来是《为了忘却的记念》中提及的左联女作家冯铿的遗物。讲解员顾慧枫说，1950年，在龙华就义地大坑中发掘出18具完整骸骨和部分碎骨及遗物。遗物中有一件弹痕累累的羊毛背心，根据冯铿的爱人许峨等老同志指认，这件背心是冯铿生前喜欢穿的。至此，"龙华二十四烈士"的身份得以确认。

鲁迅曾看到柔石写给同乡的信，讲述自己与35名同犯（其中女犯5人）被关押到龙华监狱，还上了镣。正当亲友们设法营救时，突然得知柔石与其他23人在龙华警备司令部被秘密枪杀。鲁迅满怀悲愤，在一个深夜里写下"忍看朋辈成新鬼，怒向刀丛觅小诗"。顾慧枫说，当年像这样的秘密杀害一直在进行，以致今天都不能确定在龙华遇害的烈士具体有多

李硕勋烈士写给妻子的诀别信
龙华烈士纪念馆 供图

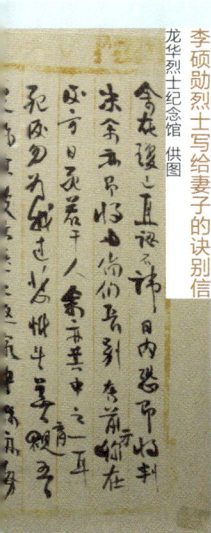

少、都是谁。

展厅墙上一幅漆画描绘了一对囚车中相拥的青年男女，那是同为"龙华二十四烈士"的蔡博真、伍仲文。这辆开往龙华监狱的囚车，竟是他俩的"婚车"。1929年，蔡博真与伍仲文同在上海的党组织工作，一对志同道合的年轻人就这样在工作中相爱了。但好景不长，二人一同被捕。在被引渡到龙华淞沪警备司令部的囚车上，同志们提出要为他俩举行一场特殊的婚礼。"桃之夭夭，灼灼其华。之子于归，宜其室家。"龙华的桃林见证了这场悲壮的婚礼。这对革命恋人紧握双手，在囚车上庄严宣誓："人生之路行将走到终点，伉俪共同信仰永远不变！"

除了文物展示，龙华烈士纪念馆充分运用多媒体手段讲述革命故事。工作人员跨越十余省市近百区县，采访了近百位革命烈士的亲人、朋友和有关专家，整理出十余小时的口述史，在馆内电子屏幕上播放。一层展厅用投影形式展现以"龙华二十四烈士"为题材的舞蹈剧《血染桃花红满天》。看着这些青春的身影穿梭、高蹈、饮弹倒下，一位50多岁的参观者摸出手绢拭去眼中的泪花。90多年过去了，中华大地上青春的身影往来如织，而我们在这里，追寻另一种殷红壮丽的青春。

## 披荆斩棘为后人

走出纪念馆，摇曳的长明火映入眼帘。长明火后面一片弓形长坡是无名烈士墓，安葬着271位解放上海的解放军指战员。陵园墓区还长眠着中共早期革命先驱恽代英、陈延年、陈乔年……整个墓区呈半圆形，与纪念堂、长明火一起，寓意日月同辉。

看着烈士墓碑上清秀俊朗的面容，不禁想象29岁的陈延年面对酷刑和子弹时的凛然气度。陈延年是陈独秀长子，赴法留学期间加入共产党，与周恩来、王若飞等同为中共旅欧支部领导人。党的五大后，陈延年担任中共江苏省委书记。他坚决服从党的安排，不顾个人安危，到白色恐怖的上海开展工作，不幸遭叛徒出卖而被捕。在狱中，他因不肯泄露党的机密而受尽酷刑。1927年7月4日，陈延年和其他几位同志在龙华塔下的枫林湖畔被杀害。因不接受跪着受刑，竟被敌人乱刀砍死。临刑前他振臂高呼："中国共产党万岁！打倒国民党反动派！"

走出陵园，只见广场上不少老人带着孩子玩耍，桃林中不时传来欢笑声……

陈乔年烈士赴刑场前对狱友说："让我们的子孙后代享受前人披荆斩棘的幸福吧！"

他们挥洒热血，为的不就是今日之景象吗？

（张炜煜　文）

武昌红巷，位于长江之滨、黄鹤楼下，在闹市中显得颇为安静。武汉革命博物馆就坐落在这条小巷里。

武汉革命博物馆下辖中共五大会址纪念馆、武昌中央农民运动讲习所旧址纪念馆、毛泽东旧居纪念馆、中国共产党纪律建设历史陈列馆、起义门旧址纪念馆等革命旧址和红色场馆，是武汉最负盛名的红色文化圣地。

走进红巷，青瓦灰砖的檐墙、苔藓青石的路面、光影摇曳的大树，仿佛都在诉说那段风雷激荡的峥嵘岁月。

## 文武兼修育英才

1927年4月4日，一场隆重的开学典礼在武昌红巷13号的操场上举行。阳光照耀，彩旗飘扬，学员们身穿新制服，腰系新皮带，扎着人字形的新绑腿，个个精神抖擞……

如今，这座始建于清末的学堂，依然保留着旧时的模样。青瓦灰砖

的建筑中央，悬挂着醒目的红色牌匾，上有周恩来题写的一行大字"毛泽东同志主办的中央农民运动讲习所旧址"。

武昌农民运动讲习所（以下简称"农讲所"）创办于第一次国共合作时期，毛泽东亲自倡议由国共两党共同筹办，1927年3月7日开始上课，4月4日举行开学典礼，6月19日毕业，共招收来自全国各地的学员800多人。

农讲所的教育方针由毛泽东亲自制定。毛泽东聘请有丰富革命经验的共产党员和国民党左派人士担任教员，其中有"五四运动"主要领导人恽代英、中共早期领导人瞿秋白、工人运动领袖李立三，还有中共一大代表李达、李汉俊、邓恩铭等。

讲课最多的还是毛泽东，他亲自讲授"农民问题""农村教育"等课程，并作《湖南农民运动考察报告》专题报告。据学员回忆，毛泽东讲课通俗易懂，往往用浅显的例子道出深刻的含义，很受大家欢迎。听了他形象生动的阐述，学员们对农民运动中的许多重要问题有了准确的理解，一些混乱思想得以厘清。

农讲所采用军事化管理，课程设置为半天理论课半天军事训练。学员们要到野外进行作战演习和实弹射击，还要学习炸弹制作等技能。

可惜，好景不长。1927年7月，国民党宣布与共产党决裂，武昌农讲所也随着国共合作的破裂而停办。

而对于这800多名学员来说，他们的革命之路才刚刚开始。他们奔赴全国各地农运一线，像星星之火撒向神州大地，形成中国革命的燎原之势。

## 披星戴月为革命

从农讲所旧址出来，步行3分钟，就来到毛泽东旧居纪念馆。当年，为便于开展农讲所的工作，毛泽东租用了都府堤41号一栋三合院民居。这是一栋晚清江南风格的民宅，坐东朝西，它既是毛泽东、杨开慧和孩子们的住所，也是1927年5月前中共中央农委机关所在地。

位于前厅左侧的房间，是毛泽东和杨开慧的工作室兼卧室。临窗的桌上摆放着一盏煤油灯，毛泽东曾伴着昏黄的灯光，写下了著名的《湖南农民运动考察报告》。1927年2月，为了回答党内外对农民运动的质疑，毛泽东白天外出工作，晚上奋笔疾书写这篇报告。据当年在毛泽东家照顾孩子的保姆陈玉英回忆，她每天都把灯罩擦得很亮，但过了一晚，灯罩又被熏得焦黄，这说明毛泽东又伏案工作了一夜。

毛泽东住在这里时工作十分繁忙，常在晨曦中走出大门，直到深夜才回家。杨开慧这时正临近分娩，身边又有两个孩子。为了让毛泽东有充沛的精力运筹革命大事，她夜以继日地操劳，根据毛泽东的写作提纲，认真进行分类整理和誊写。

1927年4月4日，中共中央和中共湖北区委举行联席会议，农讲所举行开学典礼。就在这一天，毛泽东的三儿子岸龙出生了，可是毛泽东因工作繁忙都没顾得上看一眼。几天后，毛泽东抽空来到医院，一见面就向杨开慧表示未能早来看望的歉意。杨开慧豁达地说："不要紧的，你工作忙。我生孩子，你在这里我要生，你不在这里，我也要生。"听了杨开慧的话，毛泽东由衷地笑了，抱着刚出生的岸龙，疼爱地看着，并风趣地说："冇得哪个换掉我的毛伢子去吧！"逗得房间里的人都笑了起来。

武昌都府堤41号居住的大半年时光在毛泽东一生中弥足珍贵。大革命失败后，毛泽东按照党的八七会议指示领导湘赣边界秋收起义，杨开慧带着3个孩子回到长沙板仓开展地下斗争。夫妻二人分别后，就再也没有见过面。1930年11月，杨开慧在长沙识字岭就义，年仅29岁。

## 暴风雨中挽狂澜

在武汉革命博物馆，收藏着两张珍贵的照片。其中一张照片下方用俄文标记着"1927年4—5月中共五次代表大会"，另一张照片则是与会代表们聚精会神地听取大会报告。这两张中共五大现场照片，是从俄罗斯国家社会政治历史档案馆复制而来，填补了国内党史档案的空白。

1927年4月27日，中共五大在位于武昌都府堤20号的国立武昌第一小学召开。这是一场在"四·一二"反革命政变的枪声中筹备起来的大会。出席大会的有陈独秀、蔡和森、瞿秋白、毛泽东等人，代表全国57967名共产党员。

中共五大现场照片

武汉革命博物馆 供图

　　大会批评了陈独秀右倾错误，通过了一系列重要的决议案，强调无产阶级应在革命中夺取领导权、建立革命民主政权、开展土地革命等。面对当时严峻的革命形势，中共五大首次明确提出"政治纪律"这一概念，并将政治纪律摆在重要位置，这对后来党的纪律建设影响深远。

　　如今，这里已建成中共五大会址纪念馆，馆内根据历史照片还原了当年的陈设。会场主席台上方，从上至下悬挂着马克思、列宁、孙中山的照片，左右两侧分别悬挂中国共产党、国民党党旗及标语，标语上写着"资产阶级叛逆后一切革命势力团结于无产阶级周围"等文字。

　　纪念馆陈列着中共五大代表使用过的实物及复制品，有毛泽东撰写

武汉革命博物馆 供图

的《中国佃农生活举例》、刘少奇在"五卅运动"时期使用的名片、恽代英主编的《中国青年》汇刊、李维汉用过的柳条箱、向警予给父亲的信……这些展品让我们了解老一辈无产阶级革命家的工作和生活,深刻感受当年革命之不易。

### 铮铮铁律铸忠魂

一个年轻的政党为何能在风雨飘摇的动荡岁月中逐渐壮大,最终领导人民开创新的历史纪元?带着这个问题,我们走进中共五大会址旁的中国共产党纪律建设历史陈列馆,当一幅幅历史照片、一件件珍贵文物映入眼帘,心中逐渐有了答案。

这座2019年5月才开放的新馆,整体建筑风格与古朴的红巷和谐地融为一体。馆内展出文物资料405件(套)、历史照片700余幅,全面展示了中国共产党在不同历史时期的纪律建设理念、战略方针及主要成果。

这个全国性的重要展馆,为何选址在武汉?那是因为,1927年5月9日,中国共产党历史上第一个中央纪律检查监督机构——中央监察委员会(中央纪律检查委员会前身)在中共五大上选举产生。

首届中央监察委员会由7名正式委员、3名候补委员组成,王荷波任主席,杨匏安任副主席。陈列馆内,栩栩如生的蜡像再现了这些委员们开会时的情景。

1927年6月1日，中共中央政治局通过《中国共产党第三次修正章程决案》。这一版党章中首设"监察委员会"专章，在党的历史上第一次规范了党内纪检监察机关的设置和职能，提出监察委员会的首要职能是"巩固党的一致及权威"。这是中国共产党关于纪检监察体制的首次规定。

中共中央监察委员会的诞生，就像一把利剑，承担起维护党的纪律和党组织纯洁性的重任。尽管从成立到废止，中共中央监察委员会只存在了一年多时间，但已初步形成了一套以中共中央委员会和中共中央监察委员会基本平行、互相制约，党的专门监督机构比较独立、完整地行使监督权力为主要内容的监督模式，为党的纪律检查制度奠定了重要的组织和实践基础。

执纪者必先守纪。在极端困难和白色恐怖笼罩的情况下，第一届中共中央监察委员会10名委员无一变节。其中8人先后牺牲在刑场或战场上，1人在战争年代下落不明，最终只有1人看到了中华人民共和国的成立。这支纪检监察铁军以自己的行动，履行了对党组织的铮铮誓言，书写了共产党员的无悔忠诚。

（田豆豆　文）

长江文明馆

距今约4.2亿—2.52亿

泥盆纪—石炭纪
THE DEVONIAN-THE CARB

# 感受长江魅力
# 领略自然雄奇

长江
文明馆

　　走进鸟语花香的武汉园博园，除了欣赏各种风格的中式园林，还有一座国家一级博物馆不容错过，那就是长江文明馆（武汉自然博物馆）。该馆包括长江文明馆和武汉自然博物馆·贝林大河生命馆两个展馆。其中，长江文明馆于2015年9月落成开放，展览面积1.28万平方米；武汉自然博物馆于2018年7月建成开展，展览面积1.8万平方米。在这里，你可以感受长江的魅力，领略自然的雄奇，体会地球上种种生命的精彩。

长江文明馆外观
长江文明馆 供图

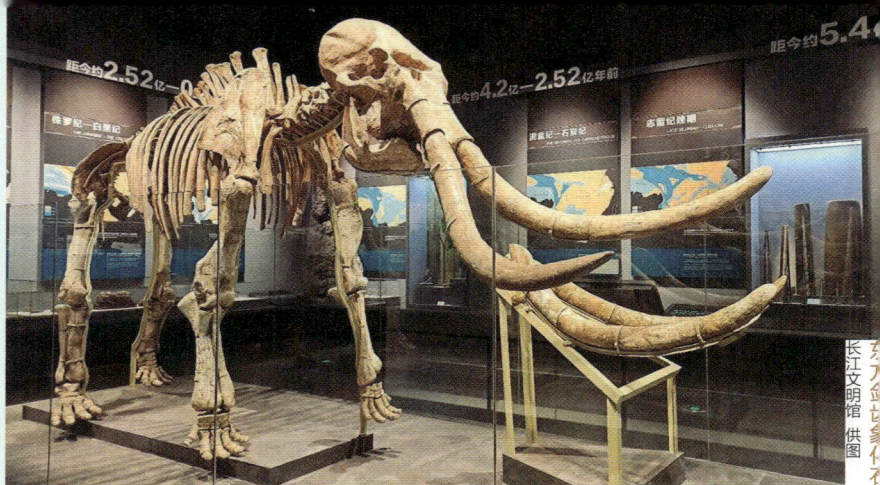

长江文明馆 供图

## 文明长河奔涌不息

　　万里长江，源远流长。人类文明，生生不息。长江文明馆常设展览"长江之歌　文明之旅"，以水孕育人类、人类创造文明、文明融于生态为主线，运用丰富的文物、标本及多媒体展示手段，全面反映长江的自然生态和历史文化。

　　走进序厅，巨大的东方剑齿象化石引得观众惊叹："好高啊！"与现代的大象相比，剑齿象更加高大威猛，有更长的象鼻和象牙。剑齿象在1200万—100万年前生活于亚洲和非洲温暖湿润的地区，后来由于环境变化逐渐灭绝。这件出土于甘肃的剑齿象化石，勾起了人们对地球上古老生命及其生存环境的遐想，昭示着长江的诞生与远古时代漫长地质演变之间的内在关联。

　　"走进长江"展厅里，蓝色灯光勾勒出长江水系脉络。沿着地面的线条指引，参观者将开启一场浓缩的长江之旅：从长江之源沱沱河出发，途经长江上下游重要城市，走向长江入海口崇明岛。长江是世界第三大河、中国第一大河，发源于青藏高原的唐古拉山主峰各拉丹冬雪山西南侧，自西向东流经青海、四川、西藏、云南、重庆等11个省区市，注入东海。长江支流延伸至贵州、甘肃、陕西等8个省区，流域面积约180万

平方公里，约占中国国土面积的18.8%。

在"物华天宝 大江厚赠"等板块，可以看到长江流域代表性的植物标本、动物标本和五光十色的各类矿石标本，让人不由得感叹：长江给予人们的实在太多，不愧为中华民族的母亲河。不论是珍稀的"水中大熊猫"中华鲟、"微笑天使"江豚、中国特有的扬子鳄，还是常见的"四大家鱼"、猪牛鸡鸭，在展厅里都有一席之地。它们展现了长江独特的水系生态和沿岸人民的生产生活方式。一头看似普通的白猪标本，在展板上有着大幅介绍。它叫瘦肉型湖北白猪，是由华中农业大学熊远著院士牵头的研究团队经过多年攻关培育出的瘦肉型新品种，这项研究成果获得国家科技进步二等奖。

长江翻山越岭，一路向东，所到之处，美景奇观、珍稀动物数不胜数。四川的高山密林中，两只熊猫憨态可掬地走来。通体金黄的川金丝猴悬于空中，仅用一手抓住树枝，仿佛正要腾挪跳跃。来自云南的一大一小两只亚洲象亲密地站在一起，很多人以为它们是父子或母子，其实是一对夫妻。仔细观察，雄象高大且有醒目的象牙，雌象略矮而没有外凸的象牙。它们的前额左右两侧有两大块隆起，俗称"智慧瘤"。亚洲象是亚洲现存最大的陆生动物，也是国家一级保护动物，目前在国内仅见于云南地区。

春秋时期"曾侯戉"剑
长江文明馆 供图

自远古开始，人类便在长江流域创造了灿烂的文明，世界最早的稻作农业、最早的陶器都产生于长江流域。在"感知文明"展厅，旧石器时代的石制工具、新石器时代的陶杯陶碗，默默诉说着先民的智慧。从琢磨细致的良渚玉琮到举世无双的"曾侯戉（zè）"剑，从精巧复杂的云锦织机到美轮美奂的苏绣屏风，从人文荟萃的岳麓书院到满载宝货的万里商船……几千年来，长江文化不断丰富、发展，汇聚成中华文明的壮丽画卷。

## 自然奇珍引人入胜

走出长江文明馆，穿过一个小广场，便来到武汉自然博物馆·贝林大河生命馆。博物馆常设展览"大河之旅　生命之歌"，以大河为背景、生命为主题，以长江对话世界大河为布展理念，展出3000多件古生物、动植物标本，其中不乏全国罕见的珍品。

进入展厅，人们首先会被来自侏罗纪时代的庞然大物——中加马门溪龙化石所震撼。马门溪龙是中国发现的体型最大的蜥脚类恐龙之一，颈部特别长。这具化石出土于新疆奇台县，2016年修复装架完成，高7.5米，长24米，脖子就有12米长。

在马门溪龙化石旁，放置着另一件"镇馆之宝"——同样出自新疆奇台的硅化木。它由侏罗纪时代的高大乔木石化而成，树形保存完好，木质结构清晰，长37米左右，根部最大直径2.7米，是国内博物馆展出的最长的硅化木。

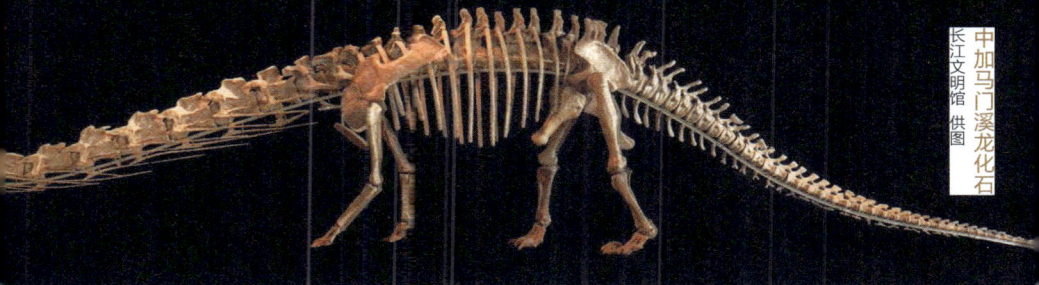

硅化木上方是一面长15.3米、宽8米的"龙"足迹化石墙，再现了2亿年前动物之间追逐争斗的场面。"龙"是古生物学对包括恐龙在内的爬行动物的统称。足迹化石是大自然用天然"录像机"为脊椎动物活动记录的"特写镜头"，形成和保存条件十分严苛。这块化石上的遗迹既有龙行湖畔，又有鱼翔浅底，还有节肢动物爬行，为研究晚三叠世脊椎动物演化提供了重要资料。

巨犀是生活在2000万年前的大型哺乳动物，也是亚洲特有的犀类。眼前这件巨犀骨骼装架标本长8.8米，高4.2米，生前体重或超过20吨，真化石占比90%以上，是国内迄今为止有记载的完整度最高、修复装架最大的巨犀化石骨架。

步入"大河珍灵"展区，亚马孙河、密西西比河、叶尼塞河、尼罗河、黄河等大河景观次第展开。亚马孙河孕育的热带雨林里，粗壮的亚马孙森蚺与凶狠的凯门鳄正在殊死搏斗。密西西比河流域，5.4米长的巨大鲸鲨与鱼群热情共舞。进入叶尼塞河流域，仿佛置身于冰雪王国，北极熊、北极狐、雪狼等雪地动物神出鬼没。转入尼罗河流域，非洲草原的热

硅化木
长江文明馆 供图

巨犀化石骨架
长江文明馆 供图

浪滚滚而来，大树下蹒跚前行的非洲象、草原上奔腾的瞪羚、河水中狩猎的尼罗鳄、叼着幼狮回望来时路的母狮……所有动物栩栩如生，如同影片《狮子王》里的场景。

"黄河之水天上来，奔流到海不复回。"黄河是世界第五长河，发源于青藏高原巴颜喀拉山脉，自西向东流经中国9个省区，最后注入渤海。在黄河发源地，生活着一种珍稀动物——藏野驴。藏野驴是国家一级保护动物，被人们称为"高原上的苦行僧"。之所以这么称呼它，是因为它能吃一些干枯粗糙的植物，而且在没有淡水的环境下也能生存很长时间。

在"大河沉思"展区，朱鹮保护和麋鹿回家的故事令人动容。1981年5月，在陕西省汉中市洋县，鸟类学家发现了世上仅存的7只野生朱鹮。此前已多年未见朱鹮的踪迹，人们认为它可能已经灭绝。而今，通过科学家的努力，全球朱鹮数量达到7000多只，其中，陕西境内就有5000多只。麋鹿是中国特有的珍稀动物，在清末遭到西方列强屠杀和捕捉，在中国境内绝迹。20世纪80年代，中国从英国引入麋鹿，繁殖培育种群。经过多年不懈努力，国内的麋鹿增长到8000多只。

## 互动体验精彩不断

博物馆是对话历史、感知文明的场所，除了静态的文物展示，还需要有多元立体的文化体验。整个长江文明馆中，互动体验无处不在，为观众带来一场精彩绝伦的探索之旅。

"我是古猿""我是能人""我是直立人""我是智人"……在长江文明馆"感知文明"厅，踩到地面的四组脚印，墙壁上的投影就会"活起来"，你挥挥手，他也会挥挥手，并进行自我介绍。看到先民钻木取火的场景，你还可以亲自体验，只要揉搓木棍的力度和速度达到要求，就会

"点燃"一团火。俞伯牙、钟子期高山流水遇知音的雕塑旁，放置着一台"古琴"，轻抚琴面，就能"弹奏"出优美的音乐。展厅里还有一个迷你戏台，展示长江流域多彩的戏曲文化。只要按动按钮，选择剧种，戏台上就会出现270度幻影成像，"演唱"悠扬婉转的戏曲。

"梦幻长江"厅是一个大型沉浸式体验空间，集中呈现了长江流域最具代表性的自然风光与人文景观。观众乘坐无轨游览车，从雪域高原的各拉丹冬出发，经过巴蜀奇观、高峡平湖、赤壁烽火、飞跃名楼、江南胜景，到崇明岛出海，在10分钟的旅程中尽情领略长江之美。

自然博物馆更是孩子们的乐园。路过密西西比河，脚步声惊起一群蝴蝶在墙上翩翩飞舞。走进亚马孙热带雨林，一群切叶蚁在林间小道上忙碌地搬运树叶，丛林深处传来蛙声、鸟鸣和老虎咆哮。穿越叶尼塞河，不小心踩裂了水中的浮冰，必须赶紧跃起，才能不"坠入"冰水中。看过了鲑鱼标本，你还可以参与体感互动小游戏，体验鲑鱼洄游数千公里回到出生地产卵的艰辛历程。此外，还有博物馆奇妙夜、主题营等一系列品牌社教活动，让青少年在有趣的活动中增长知识、开拓思维，学会敬畏自然、爱护生命。

（田豆豆　文）

　　湖北随州，炎帝故里。1978年，随州随县擂鼓墩出土的曾侯乙编钟惊艳世人，让史籍未见记载的曾国引起学界关注。同年，随州市博物馆创建。几十年来，随着考古工作的持续开展，越来越多的宝藏被发现。

　　随州市博物馆新馆毗邻擂鼓墩古墓群，现藏有文物1万余件（套），其中国家一级文物318件（套），藏品以商周青铜器居多。博物馆基本陈列以"汉东大国"为主题，包括"炎帝神农故里""屹立汉东——随州叶家山西周墓地""曾（随）国迷踪""曾侯乙墓""擂鼓墩二号墓""汉风唐韵""追回的宝藏"7个常设展览，并设有曾侯乙编钟乐团演奏厅和湖北省廉政文化教育基地展厅，多角度讲述了这片历史悠久的土地上发生的传奇故事。

## 破解"曾随之谜"

　　走进展厅，黄色浮雕的古代地图上，"汉东大国"四个大字格外醒目。汉东大国，就是今天人们所知的曾国。然而，在曾侯乙墓大量国宝级文物出土之前，历史学家竟不知曾国的存在，因为在历史文献中，没有任何关于曾国的记录。《左传》记载："汉东之国，随为大。"然而令人疑惑的是，大量春秋时期曾国文物出土的区域，正是史料中记载的随国所在地，以随为名的文物此地却未出土。学界称之为"曾随之谜"。

进入"曾（随）国谜踪"展厅，斝（jiǎ）、觚、钟、鼎、斧、凿、刀、戈等各种青铜器映入眼帘。人们常用"钟鸣鼎食"来形容古代贵族的奢华生活。鼎的大小是权力、地位的象征。安居羊子山出土的兽面纹鼎，铸于西周早期，体形高大，腹部及三足根部均装饰霸气的兽面纹，分别以凸起的扉棱为额鼻，形成上下接应的三组，颇具威严气势。

曾侯與编钟更加庞大。一组8件编钟2009年出土于随州文峰塔墓地，其中最大的一个通高112.6厘米、重149.5千克，是除曾侯乙编钟外考古发现体形最大的青铜甬钟，其制作工艺之精湛、构造之复杂都可与曾侯乙编钟媲美，器身上的纹饰繁缛程度甚至超过了曾侯乙编钟。让考古学者惊喜的是，钟体正面、背面均铸有铭文，这些铭文，为"曾随之谜"的破解提供了关键依据。

曾侯乙编钟中有一件镈（bó）钟为楚惠

西周兽面纹鼎
随州市博物馆 供图

春秋晚期曾侯與编钟之一
随州市博物馆 供图

西周南公簋
随州市博物馆 供图

西周半环形龙纹铜钺
随州市博物馆 供图

王所赠。楚国称霸一时，楚惠王为何要制作铸钟恭敬地祭祀曾侯呢？曾侯與编钟的铭文给出了答案：吴楚之战中楚国一度处于下风，是曾侯"亲博武功"才使得"楚命是静，复定楚王"。曾国保护了楚王，楚王便与曾侯與共立斋盟，恢复了曾国故有的疆域。曾侯與特铸此钟记载这段丰功伟业。这段铭文与《左传》《史记》等文献中记载"吴师入郢之役，楚王避险于随"之事相印证。专家们据此推断，曾国即随国，为一国两名。

曾侯與3号钟铸有铭文"曾侯與曰：余稷之玄孙"。"稷"即后稷，为周人先祖。由此可知，曾侯是后稷的后代，与周王同属姬姓。

## 探寻曾国变迁

若曾国为周王分封的姬姓诸侯国，那么，始封之君是谁，曾国传承几世，因何而灭呢？"屹立汉东——随州叶家山西周墓地"展介绍了曾国的来历。叶家山墓地位于随州市淅河镇蒋寨村，经2011年、2013年两次考古发掘，出土青铜器、陶器、玉器、漆器等7000余件（套），其中许多青铜器上带有"曾侯"铭文，"曾侯谏""曾侯犹（kàng）"出现最多。考古研究发现，叶家山墓地至少埋葬了3位曾侯，时代应为西周早期。

南公簋是该展陈列的重要文物之一。簋是古代食器和礼器。南公簋上圆下方，对称庄重，周身布有云纹兽面，铸造技艺精湛。簋身上刻有"犹乍列考南公宝尊彝"铭文，表明曾侯犹的父辈是南公。结合史书和金文记载可知，南公便是西周开国功臣南宫适。西周初年太公封齐、周公封鲁、召公封燕、南公封于南二，拱卫周王室。

曾侯犹墓出土的5件编钟，虽不及曾侯乙墓编钟精美，却是目前中国发现最早、最多的成列编钟。叶家山出土的半环形龙纹铜钺则显示当时曾侯具有替周天子讨伐叛乱者的崇高地位。西周时期，斧钺是权力的象征，周王亲自用于征伐或礼仪活动，或授予诸侯、高级官员来行使军事征伐之权力。龙纹铜钺整体呈龙形，从龙头至龙尾弯成半环，龙尾下方有两个圆环，为连接木杖之处。铜钺上刻有"太保虘（cuó）"铭文。太保为周代三公之一，仅次于太师、太傅。凝望此钺，可以想见数千年前曾侯手持铜钺，指挥三军、征讨四方的威武形象。

众多文物共同表明，曾国在西周早期就已封侯立国，与附近的噩国共同镇守南疆，防御荆蛮，即楚国。随州市博物馆也藏有不少噩国青铜器，折射了噩国这一神秘诸侯国的兴衰，及其与曾国的关联。

湖北简称鄂，古通"噩"字。2007年随州羊子山4号墓出土的青铜器上，发现了"噩侯乍旅彝""噩侯乍旅宝尊彝"等铭文，证明这里曾是噩国所在地。

展厅里，造型奇特、纹饰立体生动的噩侯方罍，让人忍不住驻足欣赏。一般青铜器表面常见绿色锈，而噩侯方罍表面覆盖着蓝色锈，更显神秘高贵。据介绍，青铜器上蓝色锈的形成，不仅与青铜成分有关，也与埋藏环境有密切关联。

那么，铸造出如此精美青铜器的噩国，后来为何消失？据出土文物上的铭文记载，西周晚期噩侯驭方联合淮夷、东夷起兵反叛，最终被周厉王派军消灭。噩国灭亡后，其原有封地被曾国接管，才成就了春秋时期"汉东之国，随为大"。

从叶家山墓地展区，到曾侯乙墓展区，再到擂鼓墩二号墓展区，一件件文物诉说着曾国由盛而衰的历史变迁。考古研究发现，有确切名号的曾侯共11位，从曾侯谏、曾侯犺到曾侯乙、曾侯丙。在春秋争霸中，随着楚国势力日益壮大，曾国采取了与楚联姻、结盟等外交策略。春秋中期的曾侯宝及其夫人芈（mǐ）加墓出土编钟19件，铭文记载芈加为楚王侯之女，嫁给曾侯宝不久，曾侯宝英年早逝。芈加勇挑重担，治国保疆，政绩卓著。

战国早期，曾国在与楚国的对峙中不落下风，曾侯乙时期国力达到鼎

西周噩侯方罍
随州市博物馆 供图

二一三

随州市博物馆

盛。曾侯乙墓共出土文物1万余件（套），其中兵器4777件，戈、戟、矛、盾、弓、镞等应有尽有，曾国的军事实力不言而喻。而1981年在曾侯乙墓以西102米发现的擂鼓墩二号墓，年代为战国中期，虽然时间更晚，铜器铸造工艺却比曾侯乙时期粗糙得多，显示出曾国的衰颓之势。擂鼓墩十三号墓和六号墓，时代介于战国中晚期之间，所出器物具备楚文化特征，说明这一时期曾国已被楚国吞并。

## 匠心令人称奇

曾国虽已消失在历史长河中，但所留下的艺术瑰宝却惊艳了世界。曾侯乙墓出土的65件青铜编钟，铸造精美，十二律俱全。擂鼓墩二号墓出土的36件编钟，与曾侯乙编钟音律互补、珠联璧合，堪称曾侯乙编钟的"姊妹钟"。两套乐钟（镈钟除外）合计100件，可分可合，是一个完整、宏伟的编钟系列。

擂鼓墩二号墓编钟又称"神人操蛇兽面纹甬钟"，为随州市博物馆的"镇馆之宝"。出土时以大钟套小钟的方式摆放，没有钟架。整套编钟低音浑厚，中音圆润，高音清脆悦耳，可以旋宫转调，演奏许多中外名曲，

战国擂鼓墩二号墓青铜编钟
随州市博物馆 供图

和现代钢琴一样具备世界通用的C大调。钢琴的历史只有300年左右，编钟的历史却有2400多年，中国古人的音乐智慧令世界惊叹。

古代工匠在青铜食器上的巧思也令人称奇。随州市博物馆展出的䱐（liáo）君甗（yǎn），是楚国䱐君送给曾侯丙的礼物。䱐君甗由圆形的甑（zèng）和三足分立的鬲（lì）上下两部分组成，是一件蒸煮食物的器具。它的精妙之处在于，甑口沿下镂空了10个对称气孔，当甑内的水蒸气达到一定密度，气体就会句下方散发，与现代高压锅原理相似。

兽形座铜熏灯也是一件不可多得的珍品。铜熏灯由怪兽形灯座、灯盏和香熏罩三部分组成。怪兽腹空，用以盛油，背部以链连接盖子。兽额宽平，直立一灯盏；尾部后卷，直立一香熏罩。此器兼具油灯与香熏功能，为同时代出土文物所罕见，既实用又环保。

曾国已灭，随地长存。在"炎帝神农故里"展区，可以追溯比曾国更古老的过去；在"汉风韵"展区，可以看到汉唐盛世随州的繁华和进步。走出博物馆，我们将续写繁华。

（田豆豆　文）

战国䱐君甗
随州市博物馆　供图

战国兽形座铜熏灯
随州市博物馆　供图

走近『来自星星的你』

长沙市博物馆

天上长沙星，地上长沙城。古人按星象分野，将长沙星对应的地方命名为长沙。"星城"长沙是湖南省省会、首批国家历史文化名城之一，秀美的湘江穿城而过，见证了这座城市数千年的沧桑变迁。

在湘江与浏阳河交汇处、长沙滨江文化园中，矗立着一座气势磅礴的白色建筑，这就是长沙市博物馆。长沙市博物馆成立于1986年，2015年新馆正式开放，2020年12月晋升为国家一级博物馆。博物馆建筑外墙

长沙市博物馆外观

长沙市博物馆 供图

上雕刻着长沙地图，马王堆、开福寺、岳麓山、橘子洲……一个个充满历史感的地名，诉说着古往今来无数动人的故事。

## 探寻古城文脉

长沙市博物馆建筑面积2.4万平方米，收藏各类文物5万余件，其中国家一级文物171件。馆内设有两个基本陈列"湘江北去——长沙古代历史文化陈列"与"中流击水——长沙近代历史文化陈列"，采用编年体的叙事方式，以重大历史事件、著名历史人物、城市发展变迁为主要线索，全面展示了长沙的历史脉络、文化底蕴和人文精神。

"湘江北去——长沙古代历史文化陈列"分为"湘江晨曦"（史前时期）、"青铜之乡"（商—西周）、"楚南重镇"（春秋战国）、"大汉王国"（秦汉时期）、"湖湘首邑"（三国—元）、"明清府城"（明—清）6个部分，介绍长沙自20万年前有人类活动以来，历经商周南征、楚人经略、汉廷分封、唐宋繁华至清初定为湖南中枢的发展过程。

走进"青铜之乡"展厅，各式各样的青铜器映入眼帘。作为中国古代青铜文化的重要分支，湖南的商周青铜器具有鲜明的地方特色。20世纪初以来，以长沙市宁乡县黄材镇为中心的区域相继出土了大量精美的商周青铜器，其中有数量众多的青铜铙（náo）。铙是中国古代一种青铜打击乐器，用于军旅与祭祀宴享，使用时置于座上，口朝上敲击。

展厅后方陈列着一件形体高大、气势恢宏的青铜铙，吸引着参观者的目光。铙呈褐绿色，钲面饰以粗线条组成的兽面纹，钲之周边和甬部满饰云雷纹。最有趣的是铙的燧部，雕刻着一对相向而立的大象，扬起鼻子互相碰撞，憨态可掬，仿佛正在打招呼。

象纹大铜铙1983年出土于宁乡县月山铺，通高103厘米，重达221.5公斤，是迄今为止国内发现的体型最大的商周铜铙，是长沙博物馆的"镇

商代象纹大铜铙

西汉透雕龙凤纹青玉环

馆之宝"。长沙市博物馆的馆徽，就是根据象纹大铜铙的形象转化而来。

汉代是长沙较为辉煌的时期，这一时期的长沙地区，从楚秦县郡变成长沙国。公元前202年，汉高祖刘邦封吴芮为长沙王，以临湘（今长沙）为都，建立吴氏长沙国，共传五代，历经46年，后因无嫡嗣被废。公元前155年，汉景帝封其庶子刘发为长沙王，建立刘氏长沙国，共传七代八王，历时164年。长沙国是唯一一个与西汉王朝相始相终的诸侯国。它的建立，巩固了汉王朝在南方的统治，推动了湖南地区的社会发展。

"大汉王国"展厅展示了西汉长沙王室墓葬中出土的珍贵文物，其中颜值最高的是一件精美的玉环。玉环双面透雕曲缠盘绕的变体飞龙，环周饰以流动飞卷的云纹和凤鸟纹，三者紧密结合，浑若一体，给人以云蒸霞蔚、龙腾凤舞之动感。

这件双面透雕龙凤纹玉环1975年出土于长沙陡壁山1号墓，是一套玉组佩的一部分，其主人为吴氏长沙国王后"曹公式"。这套玉组佩出土时位于墓主人的左侧腰腿部，由30件形制各异的玉环、玉鸡心佩、玉璜及水晶、玛瑙珠组成，上端以透雕龙凤纹青玉环总揽。在汉代，玉组佩的使用有严格的制度，是区别身份等级的标志。此墓中还出土了3枚玛瑙印和大量玉贝、玉璧、玉珩等，彰显了墓主人高贵的身份。

三国两晋南北朝时期，长沙是江南战略要地。隋唐一统后，长沙社会稳定，城市拓展，经济繁荣，人文荟萃。唐代兴起的长沙窑融合南北陶瓷烧造技术，首创釉下多彩工艺，并将绘画和诗词等广泛用于瓷器装饰。长沙窑瓷器是海上丝绸之路向外输出的重要商品，在9世纪印尼"黑石号"沉船中就发现了不少来自长沙窑的产品。

长沙市博物馆收藏了一系列长沙窑瓷器，其中最具代表性的是诗文壶。一件青釉褐彩诗文壶上，题有五言诗一首："君生我未生，我生君以（已）老。君恨我生迟，我恨君生早。"这首诗是长沙窑瓷器题诗中最出名的一篇，可能是窑工自己创作或当时流行的里巷歌谣，以直白的语句表达出唐代女性率真、炽热的情感。长沙窑产品中诗词题款之多，在以往任何窑口中前所未有。这些瓷器上的诗文，为全面了解唐代文学艺术提供了宝贵资料。

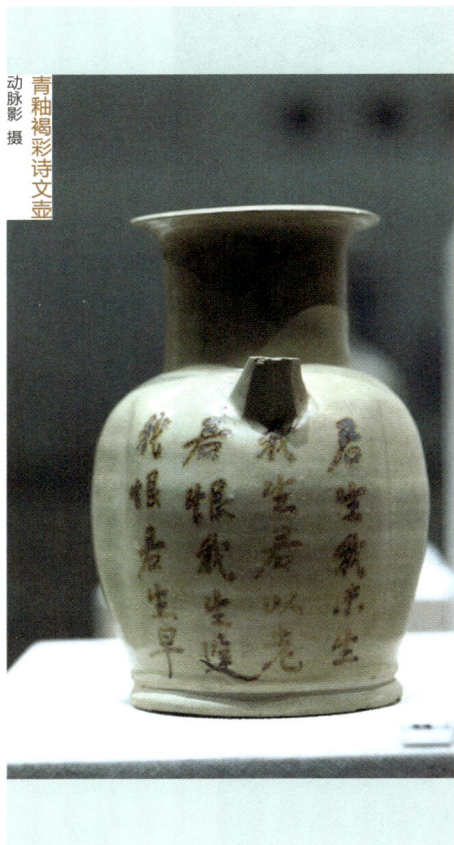

青釉褐彩诗文壶

动脉影 摄

# 历数风流人物

近代长沙是一座风云激荡、变革求新的城市。一大批可歌可泣的英雄人物，在中国近代史上书写了浓墨重彩的篇章。"中流击水——长沙近代历史文化陈列"分为"倡导经世""引领新政""辛亥首应""建党先声""秋收起义""团结御侮""和平解放"7个部分，讲述长沙在近百年风云巨变里涌现出的英雄豪杰和经典故事。

在"建党先声"展厅中，一组"建党群英"雕塑表现了毛泽东、何叔衡、刘少奇等共产党人"改造中国和世界"的伟大抱负和"到中流击水，浪遏飞舟"的革命豪情。展柜里有一张泛黄的合影，是目前发现的毛泽东最早的照片，对研究青年毛泽东的求学经历具有重要价值。

1913年春，毛泽东以第一名的成绩考入湖南省立第四师范学校，被编入预科一班。这张照片即学校教职员与预科学生合影，照片中共有8排148人，毛泽东位于第五排左二。

1914年春，湖南省立第四师范学校与湖南公立第一师范学校合并，更名为湖南省立第一师范学校（以下简称"湖南一师"），毛泽东被编入预科三班，半年后进入本科第八班。毛泽东在湖南一师学习、工作历时8年，在这里实现了由民主主义青年学生向马克思主义者、无产阶级革命家的转变。他和志同道合的进步学生纵论国事，探求真理，主持学友会，主办工人夜学，成立新民学会，开展反帝反军阀的革命斗争。展柜里的同学录、校志、老照片等文物，是毛泽东在湖南一师期间学习、生活、社会活动的历史见证，是研究青年毛泽东的珍贵史料。

1937年，全面抗战爆发，长沙的抗日救亡运动蓬勃发展，涌现了母送子、妻送夫、青年学子踊跃参军等许多动人场面。在"团结御侮"展厅里，有一块三色彩绣抗战歌谣白棉布方巾，讲述了一名新婚妻子送夫上前线的故事。这块长宽约50厘米的白布方巾上，用红绿紫三色丝线绣了56句七言诗："正月今日要当军，抽取我夫当壮丁，十指尖尖酌杯酒，眼泪汪汪送夫君……四月栀子花正开，夫君写信转回来，只待世界清明日，告假归家会贤妻……"全诗共有392字，柔肠百转，字字含情，读来令人动容。

## 讲述长沙故事

作为一家综合性历史博物馆，长沙市博物馆着力打造突出地方历史文化特色的展览陈列和公共教育活动，让公众认识长沙、热爱长沙。

长沙市博物馆通过在展线上嵌入触摸教具、互动游戏、AR体验等方式，增强展览的互动性，营造身临其境的观感。在汉代展厅专设教育角"汉趣屋"，观众可以体验换装、拓印、投壶游戏等，感受汉代人的生活。

长沙市博物馆年均开展教育活动500场以上，"湘城讲坛""湘城之旅导赏"和"湘城访古团"活动形成面向成年观众的"湘城"系列文化品牌，"穿越小达人"、博雅夏令营、青少年微讲座、"哇哦，博物馆！"原创儿童展览等为少年儿童提供寓教于乐的文化课堂。

近年来，长沙市博物馆与国内外多家文博机构合作，举办了一系列反映丝绸之路文化交流、中华区域文明进程和湖湘文化特色的特展。"玉出山河——南阳地区出土古玉精品展""粟特人在大唐——洛阳博物馆藏唐代文物特展"分别入选2019年、2020年国家文物局"弘扬优秀传统文化 培育社会主义核心价值观"100项推介展览。此外，还推出一系列以交流为目的的馆藏文物主题巡展和以教育为目的的流动博物馆小型巡展、主题微展、艺术教育展等。

按照"省会地标、长沙客厅、文化圣殿、百姓乐园"的建设方针，长沙市博物馆未来将策划更多原创展览，创新讲述长沙故事，进一步拓展

汉趣屋陶瓷研学活动

刘琳 摄

博物馆发展空间，探讨和实施总分馆模式。同时，利用新技术和相关平台，让博物馆服务更广泛的观众，让观众享受更便捷的服务。

（动脉影　文）

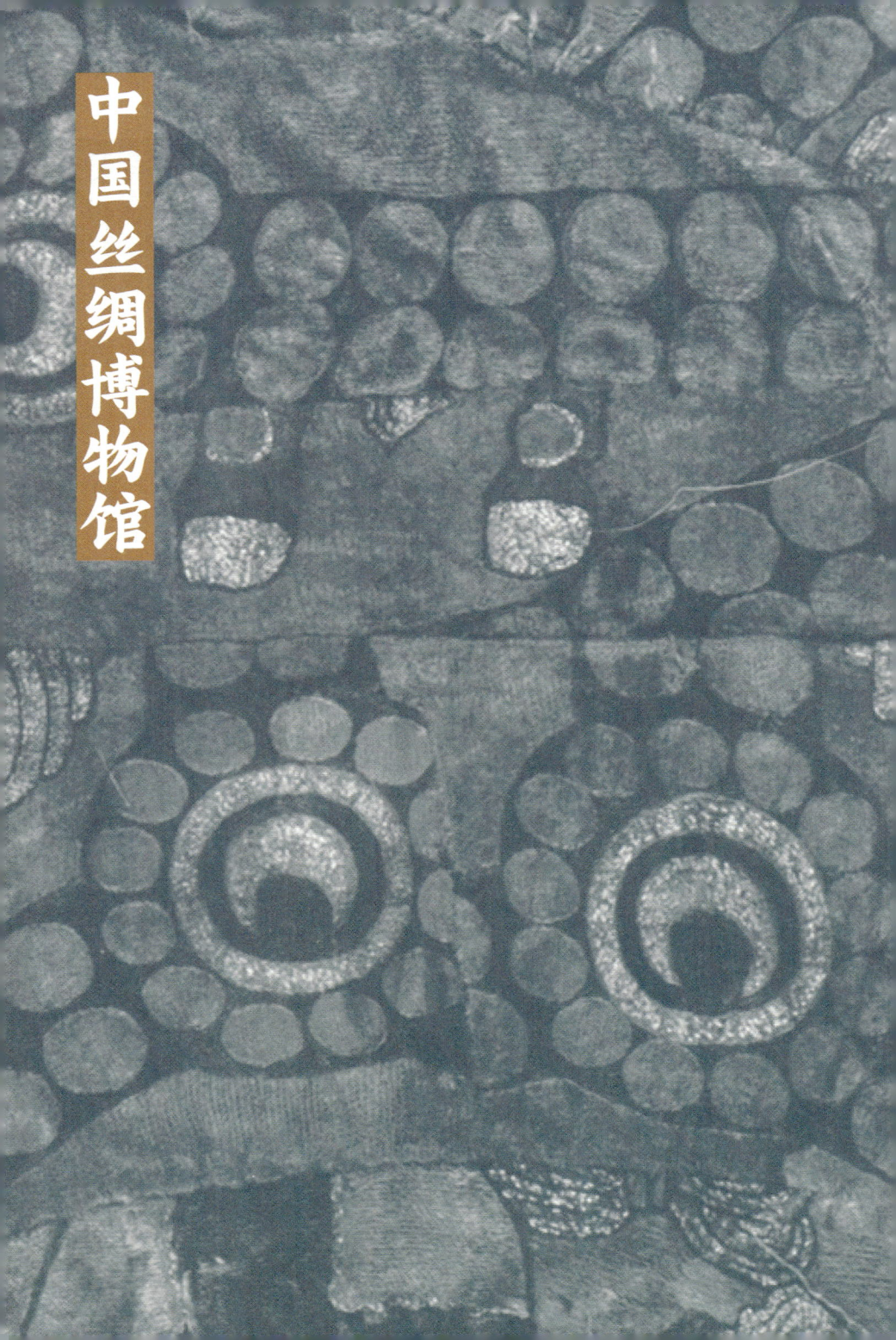

多彩丝绸
勾勒丝路画卷

中国丝绸
博物馆

西子湖畔，玉皇山中，竹树交翠间，一座设计感十足的建筑惹人注目，这就是中国丝绸博物馆。

中国丝绸博物馆1992年在"丝绸之府"杭州建成开放，集纺织服饰文化遗产收藏、保护、研究、展示、传承和创新于一体，是世界最大的丝绸专题博物馆，也是海内外观众感受丝绸文化、了解丝绸历史的"打卡目的地"。

## 展示丝绸文化

走进中国丝绸博物馆，小桥流水、桑园染草的景观让人领略到秀美的江南蚕乡风情。博物馆总占地面积4万多平方米，其中展陈面积占1/4，由五大主题基本陈列和临时展厅组成。博物馆馆藏文物近7万件，涵盖了以丝织品为主的各类纺织品，不仅有服装，还有鞋帽、小件衣饰、生活用品、面料等。从古到今，人们穿的、用的，只要涉及纺织品，馆内大抵都有收藏。

丝路馆的"锦程：中国丝绸与丝绸之路"诉说着中国丝绸5000余年光辉历程以及绵延万里的丝绸之路的故事。在这里，观众可以看到钱山漾遗址出土的距今约4200年的家蚕丝丝线。钱山漾遗址位于浙江湖州，属新石器时代晚期，遗址中发现了绸片、丝带、丝线等，是迄今为止长江流域发现最早的丝绸产品，说明距今4400—4200年的长江流域已有养蚕、缫丝、织绸技术。

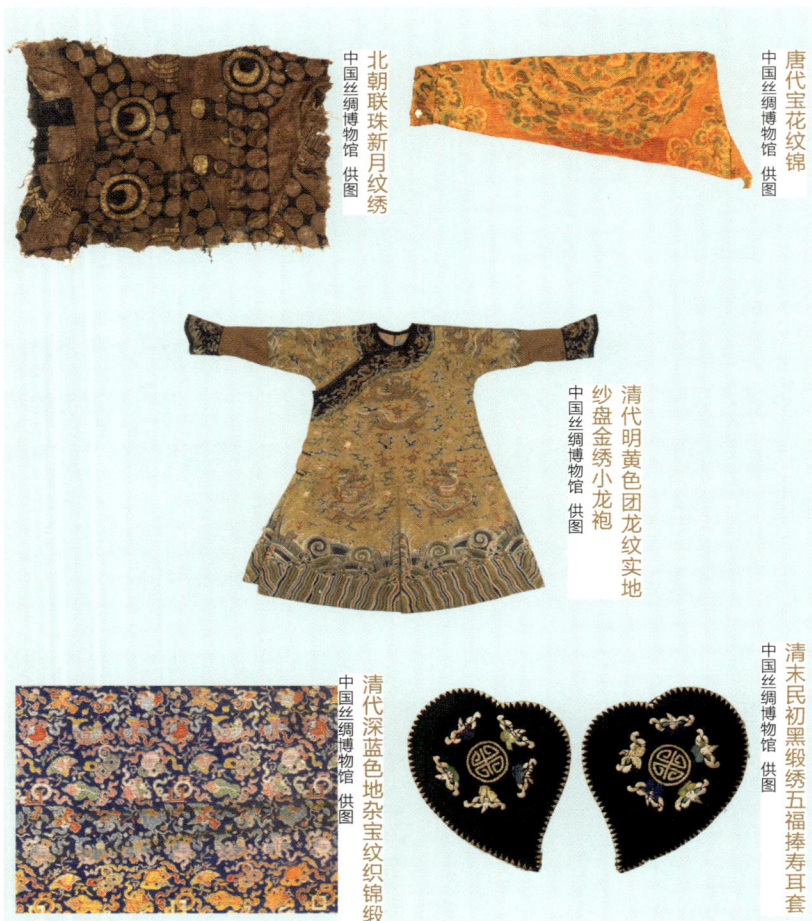

北朝联珠新月纹绣
中国丝绸博物馆 供图

唐代宝花纹锦
中国丝绸博物馆 供图

清代明黄色团龙纹实地纱盘金绣小龙袍
中国丝绸博物馆 供图

清代深蓝色地杂宝纹织锦缎
中国丝绸博物馆 供图

清末民初黑缎绣五福捧寿耳套
中国丝绸博物馆 供图

非遗馆中，"天蚕灵机：中国蚕桑丝织技艺非物质文化遗产展"展示了人类非物质文化遗产——中国蚕桑丝织技艺的丰富内涵，包括蚕桑、民俗、制丝、印染、刺绣、织造等方面。

来到纺织品文物修复展示馆，几名参观者正在透过玻璃窗观看文物修复的过程。深埋地下千百年的丝绸文物，受到病菌、微生物、潮湿等因素影响，出土时大多残破糟朽。经过修复师"妙手回春"，才能呈现出原来的形态和光彩。修复展示馆一楼用于纺织品信息提取、修复、研究等，二楼向观众展示修复之后的纺织品文物。

漫步时装馆，"更衣记：中国时装艺术展"和"从田园到城市：四百年的西方时装"展现了近百年来中国服装演变历程和17—20世纪欧美服装的发展轨迹、时代特征、服饰风格等。

中国丝绸博物馆还设有女红传习馆，观众可以体验织、染、绣、编等互动项目。新猷资料馆展示现代纺织面料样本、珍贵纺织人物档案和纺织科研相关报刊书籍、音像资料等，并能提供借阅服务。

## 感受丝绸之美

中国是世界丝绸发源地。源远流长的中国丝绸文化，书写了中华文明中浓墨重彩的篇章。古老的丝绸之路将东西方串联，成为重要的贸易和文化交流通道，为东西方文明互鉴作出卓越贡献。

"锦程：中国丝绸与丝绸之路"是中国丝绸博物馆基本陈列中最重要的一部分。它按历史顺序分为8个单元，通过丝绸之路沿线出土的汉唐织物、北方草原的辽金衣物、江南地区的宋代服饰、明清时期的官营织造产品以及近代旗袍和像景织物等，还原了不同时期丝绸之路上的文化交流图景。

在"周律汉韵"单元，可以看到著名的"五星出东方利中国"锦的

五星出东方利中国 锦复制品

北朝莲花狮象纹锦

复制品。这是一件小巧的织锦护膊，在青地上织出云气纹、鸟兽纹、代表日月的圆形纹和"五星出东方利中国"字样，纹饰具有鲜明的汉代特征。原件出土于新疆尼雅遗址，是禁止出国（境）展览的国家一级文物。尼雅遗址为汉晋时期精绝国故址，是当时丝绸之路南道上的一处交通要塞。复制品由中国丝绸博物馆制作，使用了根据四川成都老官山汉墓出土的汉代提花机模型复原的织机，真正做到了"汉机织汉锦"。

北朝时期的莲花狮象纹锦体现了波斯文化与中原文化的融合。狮子是波斯艺术常见题材，但在当时的中国还非常罕见。随着丝绸之路的发展，波斯织物在中原流行开来。这幅织锦图案中，狮子翘着尾巴，吐着舌头，造型生动，反映了当时人们对这种外来动物的想象。在图案空隙处，还织有"大吉""王""宜"等文字，这是汉地织锦常用的表现手法，表达

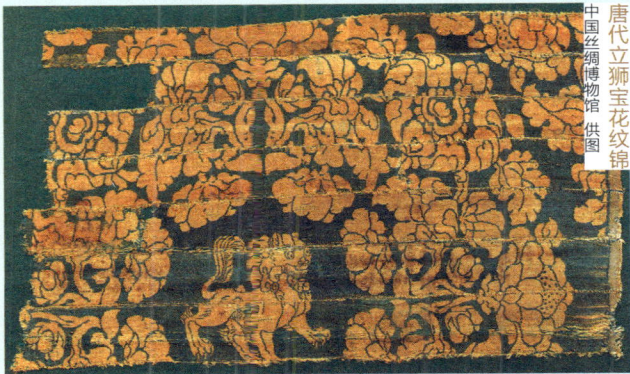

唐代立狮宝花纹锦
中国丝绸博物馆 供图

清代白缎地彩绣人物伞
中国丝绸博物馆 供图

了吉祥美好的祝愿。

唐代立狮宝花纹锦图案极为华丽，是当时流行的"陵阳公样"。织锦以大窠花卉为环，环中是一只站立的狮子，环外是繁茂的花卉纹。这种花卉环中的动物纹样由唐初陵阳郡开国公窦师纶所创，是将西域传入的团窠联珠动物纹样与中国审美的花卉纹样相结合的产物，被称为"陵阳公样"。这件织锦采用的是辽式纬锦，体现了唐代晚期的织造技术特点；其纹样带有自由的写实风格，是陵阳公样在唐代晚期流行的典型代表。

15世纪欧洲大航海时代的到来，打通了丝绸由中国直接传入欧美的通道。17—18世纪，随着东西方贸易愈渐频繁，在欧洲掀起了一股中国风，带有浓郁东方风情的中国丝织品深受欧洲贵族青睐。展厅里呈现了清代通过海上丝绸之路销往欧洲的丝绸产品，白缎地彩绣人物伞是其中的精品。这把伞为19世纪60—70年代所制，用料极其奢侈，以象牙为伞柄，五色网格丝线流苏为边饰，白缎地刺绣为伞面。伞骨将伞面分割成8块，每块自成画面，从中可以看到中国传统的吉祥图案、亭台楼阁、戏曲和神话故事等。伞顶装饰有象牙人物圆雕，是高鼻梁、白皮肤的西洋女子形象。这种中西合璧、个性鲜明的图案正是当时中国外销欧洲商品最明显的特征之一。

这把伞是清代广绣技艺的集大成者。广绣色彩对比度较强，从其伞面以蓝、黄、红等饱和色彩为主色调，且绣面布局繁而不乱来看，这把绸伞应是出口欧洲的广绣作品。

## 紧扣时尚风潮

作为一座研究型博物馆，中国丝绸博物馆先后建立了"中国纺织品鉴定保护中心"和"纺织品文物保护国家文物局重点科研基地"，对本馆藏品和世界各地纺织品文物进行科学研究、保护与修复，培养出一批专业人才。

在2021年8月开幕的"后宫遗珍：清东陵慈禧及容妃服饰修复成果展"上，一件出土于慈禧定东陵地宫的陀罗尼经被备受关注。经被为独幅织造，长2.9米，宽2.75米，因其用料之精、幅面之大、工艺之善而极为珍贵，同时也十分考验修复技术。"陀罗尼经被出土时被裱过，我们首先面临的问题就是如何'去裱'，生怕一揭开，经被就碎了。"中国丝绸博物馆陈列保管部主任王淑娟说。由于经被体量庞大，修复工作需要"慢工出细活"，只能由修复师轮流上阵，历时8年才完成修复。

中国丝绸博物馆还与世界知名纺织品研究机构和博物馆在人员、项目、展览、出版等领域积极合作，发起并成立"国际丝路之绸研究联盟""丝绸之路国际博物馆联盟""丝绸之路与跨文化交流中心"和"国际丝绸学院"。

近年来，中国丝绸博物馆越办越"年轻"，为迎合不同年龄观众的需求而不断创新。从2011年起，中国丝绸博物馆每年举办年度时尚回顾展，回顾中国当年时尚事件，展示当代纺织服装时尚元素，同时收集设计大师的服装和服饰企业的精品面料，通过这种方式找到博物馆与时尚"对话"的结合点。2021年，中国丝绸博物馆举办"云荟：中国时尚大展回顾（2011—2020）"，对10年来的工作进行总结。

除此之外，博物馆还与当代时尚潮流结合，策划了一系列丰富多彩的活动，如纤维艺术主题户外展、"国丝汉服节"和"全球旗袍日"等，深受大众喜爱。

（窦瀚洋　文）

浙江自然博物院

探寻自然壮美
践行『两山』理念

浙江自然
博物院

二三五

浙江自然博物院

暑假来临，浙江自然博物院人气又旺了起来。许多家长带着小朋友前来参观，感受生物的多彩，探索自然的奥秘。

浙江自然博物院始建于1929年，是中国人自己创办的历史最悠久的博物馆之一，目前拥有杭州馆和安吉馆两处馆址。杭州馆2009年建成开放，馆舍面积2.6万平方米，藏品20万余件（套）。安吉馆位于湖州市安吉县，2018年12月试开放，2019年10月正式开馆。

恐龙蛋收藏种类、数量世界第一，淡水贝类和陆生贝类标本占该门类世界物种的40%以上，鸟类标本和鸟声收藏世界领先……浙江自然博物院对专业的注重、对收藏理念的更新、对科研成果的运用，在行业内都走在前列。

# 化石标本珍贵多彩

浙江自然博物院杭州馆位于杭州西湖文化广场附近。馆内设有"地球生命故事""丰富奇异的生物世界""绿色浙江""狂野之地——肯尼斯·贝林世界野生动物展"和"青春期健康教育展"五大展区。

走进宽敞明亮的大厅，一个庞然大物映入眼帘，它就是杭州馆的"镇馆之宝"——灰鲸骨骼标本。关于它的来历，还有一段有趣的故事。

1936年夏天，一个美国商人带着一头灰鲸来上海展览。由于天气炎热，防腐处理不彻底，灰鲸的尸体开始腐烂，发出臭味。展览办不下去了，制作标本或烧埋处理都要花好大一笔钱，狠心的商人就将它丢弃在黄浦江边，偷偷溜走了。当时省立西湖博物馆（浙江自然博物院前身）的专家们得知消息后，立即赶赴上海，用火车把灰鲸运回杭州。下了火车，该怎么把它运到馆里？那个年代没有大型卡车，只能采用原始的滚木运输方式，在灰鲸身下垫长木板，在木板下塞进圆木棍，几十个人拉的拉、推的推，花了三天时间才将其挪到湖滨一带。然后再租用多艘西湖渔船，用铁索相连，将其运到中山公园码头上岸。到了博物馆后，专家们将灰鲸腐烂的皮肉摘除，制作成骨骼标本保存。20世纪八九十年代，由于灰鲸骨骼标本非常罕见，这件标本经常到全省各地巡展。每到一处，当地市民都纷

灰鲸骨骼标本 浙江自然博物院 供图

涌而来参观。如今，这件珍贵的标本静静躺在展馆中，诉说着博物院前辈们筚路蓝缕的创业之路。

上到二层，缓缓转动的地球模型在星空背景下闪着幽蓝的光，吸引人走进"地球生命故事"展区。这里汇聚了地球各个时期的模型、化石和矿石，讲述了地球诞生46亿年来的地质和生命情况。在一个专门的化石展厅，可以看到恐龙蛋、禄丰龙、毛氏峨眉龙、礼贤江山龙、丽水浙江龙、孔子鸟以及披毛犀、真猛犸象、三趾马等化石。其中，毛氏峨眉龙头骨是目前同类标本中最完整的，真猛犸象骨架也是目前同类标本中最大最完整的。

从"地球生命故事"展区出来，进入专为青少年打造的"青春期健康教育展"展厅。展览用图文并茂的形式，介绍了青春期生理、心理等方面发生的一系列变化，旨在让青少年科学认识自己。

来到三层，可以看到"丰富奇异的生物世界"和"绿色浙江"展，多种多样的生物标本和生物化石在不同的生态场景中展示自己的魅力。

四层为"狂野之地——肯尼斯·贝林世界野生动物展"，这是浙江自然博物院在肯尼斯·贝林捐赠的野生动物标本基础上，经过近一年的精心筹备而设立的展览。该展利用制作工艺先进、栩栩如生的珍贵动物标本，

浙江自然博物院

毛氏峨眉龙骨架
浙江自然博物院 供图

结合场景复原、多媒体等手段，还原了非洲热带雨林、非洲稀树草原、北美荒漠、北美森林、北美苔原等生态系统，旨在让观众了解野生动物的生活环境和生存方式。

## 展示手段先进多样

浙江自然博物院安吉馆占地300亩，是亚洲单体建筑最大的自然博物馆之一。安吉馆设置了地质馆、贝林馆、海洋馆、自然艺术馆、恐龙馆、生态馆6个主题展馆，运用当下最先进的展示手段和技术，带领观众开启一场探寻自然之美的旅程。

在自然艺术馆"斑斓的贝壳"单元，展示墙上一幅以多种贝类标本拼出的右旋贝壳图案吸引了不少观众的目光。"贝类共有10多万种，它们并不是都在水里，有3万多种生活在陆地上。哪怕是在沙漠，也可以探寻到陆生贝类的踪迹。"讲解员韦天明介绍。

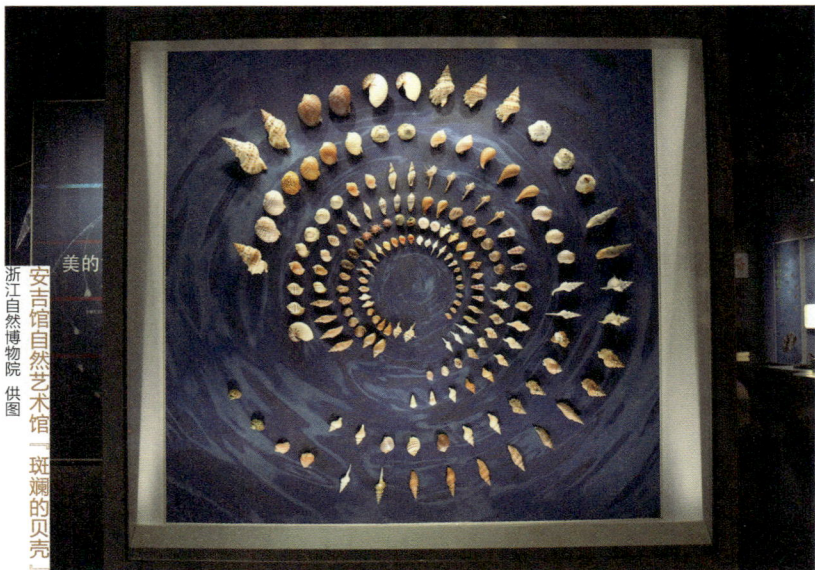

浙江自然博物院 供图

安吉馆自然艺术馆"斑斓的贝壳"

恐龙馆鸟瞰图
浙江自然博物院 供图

　　在"天籁之声"单元，把耳朵贴近墙面上的喇叭状试听装置，可以聆听从自然界采集的各种声音——风声、鸟鸣、泉涌……仿佛置身于天地之间，感受万物脉动。

　　自然艺术馆内还设有"美丽的地球与生命"剧场，用影像来展示宇宙、自然、生命之间的关系。观众可以在球幕影院里躺下来，体验沉浸式观影。

　　恐龙馆展示全球最具代表性的恐龙及其生活，同时也详细展示曾经生活在浙江地区的恐龙。展厅以时代为主线，通过恐龙化石标本、全身骨架复原、场景再现和多媒体展示手段，介绍三叠纪、侏罗纪和白垩纪时期最具代表性的恐龙。

　　海洋馆的最大亮点是设置了5处9个活体展示缸，体积超过40立方米，金钱鱼、条纹斑竹鲨、珊瑚、水母等海洋生物居于其间，让观众感受到鲜活的海洋生命的魅力。

安吉是"两山"理念发源地，生态馆也是安吉馆的热门展馆之一。这里以"绿水青山的召唤"为主题，围绕"山水林田湖是一个生命共同体""绿水青山就是金山银山"的生态文明理念，向观众深入浅出地讲述生态学的相关知识。

为深入贯彻"两山"理念，安吉馆还特别策划了"绿水青山就是金山银山——从余村到世界的生态文明践行"特展，以图片、视频、模型等方式展示了浙江乃至中国在生态文明建设方面作出的努力与取得的成果。

## 社教活动趣味盎然

动手挖掘化石，拼出一只属于自己的恐龙；参与火山爆发科学小实验，了解火山的形成原理和它对于生命的重要性……浙江自然博物院近年来举办了多场面向小学生的趣味活动，每到周末都有不同的趣味小实验，暑假还有小小讲解员活动，备受小朋友们欢迎。

根据自身优势，浙江自然博物院安吉馆将科普教育与休闲体验相结合，建设两个特色教育基地——"长三角地区中小学生研学游特色基地"和"全国党政领导干部两山理念教育学习特色基地"。

安吉馆针对不同年龄段青少年的需求，开设了不同主题内容的中小学研学课程。2020年7月，安吉馆举办了"大自然中的跷跷板——儿童教育体验展"。这是博物院科教团队首次独立策划、为小朋友们量身打造的特展。在展览开幕前后，邀请小朋友们拍摄花絮，参加"小小配音员"等活动，尽可能增强孩子们的参与感。此外还推出了面向成人的文字导览和面向儿童的语音导览。新颖有趣的展览丰富了孩子们的暑期文化生活，也让孩子们树立保护自然、尊重生命的意识。

安吉馆"大自然中的跷跷板——儿童教育体验展
浙江自然博物院 供图

下一步，浙江自然博物院将努力打造集科普教育、收藏研究、文化交流、智性休闲于一体的"国内领先，国际一流"现代自然博物馆，打造为公众提供文化、科研服务的自然科普基地，创造满足第二课堂需求的青少年乐园。

（方　敏　毛和鑫　文）

或是"日出江花红胜火，春来江水绿如蓝"的居游胜地，或是"烟柳画桥，风帘翠幕，参差十万人家"的东南名郡，又或是"山外青山楼外楼，西湖歌舞几时休"的南宋都城……杭州，这座古称"钱塘"的城市，留给人们数不尽的美好记忆与想象。

### 东南形胜　三吴都会

穿过南宋御街，沿石阶走上吴山，至半山腰处，可见一座白墙黛瓦的建筑，隐藏在一片树林之中，这就是杭州博物馆。

杭州博物馆展区面积7000平方米，由南馆和北馆组成，拥有常设展"最忆是杭州——杭州通史陈列""珍藏杭州——馆藏文物精品陈列"。馆藏文物2万余件，尤以陶瓷、绘画、书法、玉器最具特色。

"8000年前，萧山跨湖桥一带的先民已泛舟于湘湖……"进入南馆，"寻踪跨湖桥"单元以图文形式介绍了"中华第一舟"的发现过程。

战国水晶杯

杭州博物馆 供图

这艘独木舟出土于杭州萧山跨湖桥遗址，距今已有8000—7000年历史，是迄今发现的世界上年代最早的独木舟，见证了当地先民的生活。展柜里陈列着同时期出土的稻米标本，反映了杭州地区稻作农业的悠久历史。

展厅正中摆放着一件淡琥珀色的透明杯子，它就是杭州博物馆的"镇馆之宝"——战国水晶杯。这个水晶杯虽然今天看起来不算光彩夺目，但在2000多年前，它是非常难得的珍品。它用一整块优质天然水晶制成，是中国出土的早期水晶制品中最大的一件，2002年被国家文物局列入首批64件禁止出国（境）展览的文物名录。

1990年，考古工作者在杭州半山镇石塘村战国1号墓中发掘出这件水晶杯。它上宽下窄，材质晶莹，保存完好。古代开采技术有限，要找到这样一块优质水晶十分不易。水晶材质硬而脆，古人用何种方式把杯芯掏空而保证杯体不碎裂，今天还未能解开这个谜题。水晶杯内外抛光，非常光洁，体现了当时工匠的高超技艺。早在战国时期，杭州地区手工业已十分发达，为后世文化繁荣奠定了基础。

雷峰塔经砖龙纹石砚

杭州博物馆 供图

二四三

杭州博物馆

魏晋以降，北方战乱，大批民众南迁。杭州湖山秀美，吸引了众多文人与僧侣。隋唐时期，杭州已是东南名郡。五代十国时期，吴越国建都于杭州。在吴越王钱镠（liú）"保境安民"国策下，杭州经济文化日益兴盛，著名的雷峰塔即建于这一时期。塔内曾藏有数万卷佛经，皆用当时盛行的雕版印刷术印刷，印数空前，印刷技术也达到了很高的水平。杭州博物馆展出的雕版印刷《宝箧印陀罗尼经》卷，纸张洁白，墨色均匀，字体清晰悦目，图画也很精美，反映了杭州印刷水平之高。

展柜里的一方砚台是用五代时建造雷峰塔的砖改造而成。1924年，雷峰塔轰然倒塌，不少民众检拾塔砖收藏。浙江永康的姚允中将捡到的一块藏经砖改造成砖砚，后来赠予杭州收藏家朱孔阳。2014年，朱孔阳之子朱德天将这块砖砚捐赠给杭州博物馆。砖砚背面刻有雷峰塔景观图和"雷峰塔坍塌古砖记"，两面长侧边一面刻有"西湖雷峰塔藏经古砖"几个字，另一面刻有鱼龙图案。砖质地紧密，做工精良，中空有孔，用以藏经。

## 商旅辐辏　华贵天城

"自大街及诸坊巷，大小铺席连门俱是，即无虚空之屋。"吴自牧
《梦粱录》中描述了南宋都城临安（今杭州）商业繁华的盛况。

南宋时，杭州成为国家政治经济中心，商贸繁荣之余，文人雅士聚
集。"生活艺术化、艺术生活化"成为宋人的追求。在南宋修内司官窑瓷
器前，不少参观者驻足欣赏。南宋官窑是宋代青瓷烧造最高水平的代表，
修内司官窑是南宋官窑的窑场之一，位于杭州凤凰山老虎洞。该窑址的发
掘成果入选"2001年全国十大考古新发现"。杭州博物馆展出的修内司官
窑瓷器，均由窑址出土的瓷片修复而成。其中一件青灰色的盏托，托盘呈
花口形，盏与托盘中间为一圆孔，上下相通，造型精巧别致，釉色淡雅润
泽，体现出宋人高贵典雅的审美情趣。

"琴棋书画诗酒花"是宋人雅致生活的写照。馆藏《无款竹丛翠鸟
图团扇页》是流传至今为数不多的宋扇页画精品之一，于小中见珍奇。咫
尺扇面上，采用工笔双钩画法描绘出小鸟憩于荆棘竹丛中，表现了安宁幽
静的意境。

　　元代时，杭州凭借京杭大运河和海上丝绸之路优势，成为东南地区最大的都会。意大利旅行家马可·波罗称赞杭州为"世界上最美丽华贵之城"。杭州博物馆内，一件元代青花瓷塑海鳌山形笔架以其精巧绝伦而引人注目。

　　这件笔架出土于杭州朝晖路一处元代窖藏，整体为海兽驮峰造型，下部浪花翻涌，4座山峰饰如意云纹，一峰顶高悬一轮初升的太阳。通体施青白釉，胎质洁白细腻。背面自然凹凸，还留有当时工匠的指纹印迹。

　　这件瓷器除了有搁笔功能，海兽内部中空，还可盛水。一器两用，设计巧妙，是元代青花瓷中极其难得的一件文房用品，具有极高的历史和艺术价值。

　　"江南收藏甲天下"，书画之余，摹古鉴赏也是江南文人日常消遣之必备。元代大书法家鲜于枢生前流连西湖山水，死后葬于杭州。他墓中出土了多件文玩，包括端砚、剑饰、铜镜、铜印等。杭州博物馆展出的"伯幾印章"印与"鲜于枢伯幾父"印，印面小巧，笔法精妙，为研究鲜于枢书法造诣又添实证。

## 山水环抱　人文渊薮

　　"四维图画本天成，三面云山一面城。"自南宋以降，西湖"三面
环山一面临城"的格局基本形成。因景色殊异，历代文人莫不流连西
湖。明清以来，杭州文风更炽，湖光山色在文人雅士笔下凝练成优美的
传世佳作。

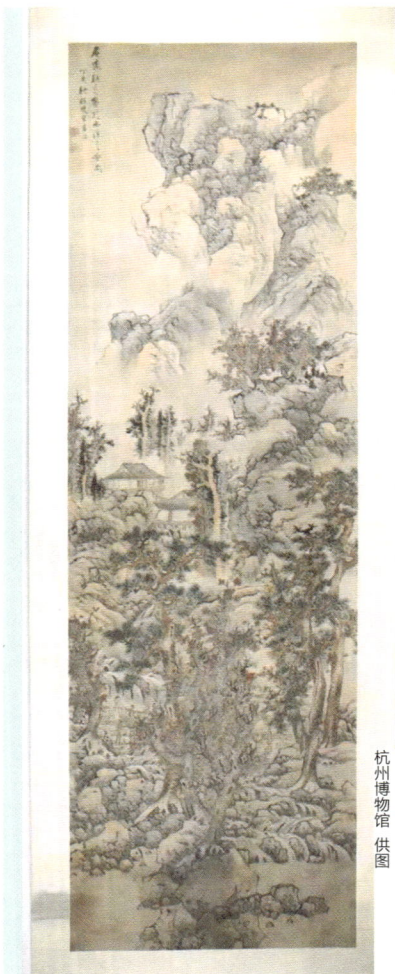

清代蓝瑛《层峦秋色图》
杭州博物馆 供图

清代吴昌硕《葫芦秋菊图轴》
杭州博物馆 供图

走进杭州博物馆北馆，高达3米的《层峦秋色图》展现在眼前，这是明末清初"武林画派"创始人蓝瑛的代表作，为国家一级文物。画中，距西湖不远的西溪秋色醉人，云淡天高，深山幽壑，又有回廊屋宇，游人于桥上扶栏缓行，轻漫潇洒，充满洒脱的文人意趣。

"欲借西湖作墨池，并邀春色入新诗……"明代散文家茅坤行书《西湖诗卷》以遒劲笔力书写了对西湖的热爱。茅坤耄年游西湖后作西湖诗14首，他的书法朴拙自然，是典型的"文人字"。西泠印社首任社长吴昌硕《葫芦秋菊图轴》作于杭州西湖，笔法坚挺厚重，篆刻朴茂苍劲，对上海画派后期画风影响深远。

明清时期杭州文人留下大量精美的文房四宝，成为杭州博物馆重要的藏品类目。"任伯年"款象牙大毛笔、"徐三庚"款红木笔筒、"鹿原"款端砚……体现了中国传统文人的儒雅精神与艺术品位。

风雅，是刻在杭州骨子里的。为了让人们更好地了解杭州人文故事，感受杭州风雅气韵，杭州博物馆在展陈手段上不断创新，让文物"活"起来。在史前至六朝展厅，借助光影手段，还原考古发掘现场。在两宋展厅，通过投影和三维动画，生动呈现南宫北市的都市格局、繁华喧腾的市井风情。

杭州博物馆还设计了一系列颇具特色的文创产品，如参照四螭龙玉佩制作的壶承、以南宋莲花纹瓦当为原型设计的莲花纹碳雕等，备受观众喜爱。

2020年8月，浙江省文物局主办的"浙里光影，云看文博"系列直播活动走进杭州博物馆。风雅钱塘的气韵，飘得越来越远，打动越来越多人……

（王丽玮　文）

一池西湖水
千年根与魂

杭州西湖
博物馆总馆

"天下西湖三十六，就中最美是杭州。"

杭州西湖，千百年来一直是骚人墨客吟咏不绝的灵动诗韵，丹青妙笔描摹不尽的秀美画卷，街头巷尾流传不息的故事文本。

西湖之美，让曾在杭州任官的苏轼留下了"西湖天下景，游者无愚贤。深浅随所得，谁能识其全"的感叹。

杭州西湖博物馆总馆包括西湖博物馆、南宋官窑博物馆和名人纪念馆，从多个方面展示西湖之美，讲述西湖故事。

### 城湖相依

西湖博物馆位于南山路戗王祠旁，整座建筑大部分延伸于地下，从湖面上看，几乎察觉不到葱郁树木中隐藏着一座现代建筑。博物馆占地面积8500平方米，包括西湖历代浚治与景观的形成、西湖题名景观、西湖文化、精神家园等六大展区，展出文物涵盖书画、古籍、陶瓷等七大类，系统展现了西湖作为世界文化遗产的历史底蕴与文化内涵。

　　顺着阶梯下到馆中，大厅内巨大的沙盘模型立体展示了西湖"三面云山一面城"的格局。旁边展柜里，多种古生物化石体现了西湖丰富的自然遗存。据介绍，西湖一带原为浅海湾，大约2600年前，泥沙淤积堵塞了湖与海的通道，便逐渐变为淡水湖泊。经历代人工疏浚治理，这里演变为"一湖两塔三岛三堤"的景观格局。

　　展厅另一侧图文并茂地讲述了西湖历代浚治过程。据史料记载，自唐至清，统治者对西湖之浚治不曾中辍。唐代李泌、白居易和宋代苏轼主导的浚治奠定了西湖的基础面貌，日后疏浚基本都是在此基础上进行。正因如此，如今西湖的大体格局沿袭了唐宋时期的旧貌。"杭州之有西湖，如人之有眉目"，正如苏轼所言，西湖是杭州山水景观格局的重要组成部分，西湖的治理对于杭州城市发展意义非凡。

　　《清乾隆西湖行宫图》是西湖博物馆的"镇馆之宝"之一。这是唯一一幅流传至今钤有乾隆御玺的西湖行宫图，全长9米多，采用传统山水画法，以鸟瞰的形式描绘了乾隆南巡时驻跸（bì）的西湖行宫及游览的各景点，并标注了行宫与各景点的具体方位和距离。全图笔法细腻，疏密有致，设色典雅，构图严谨，展现了高超的绘画技法。

　　此图在西湖申遗过程中发挥了极其重要的作用。图中描绘了"三面云

山一面城"的城湖格局，其中的景点和位置标示均能够与现在的西湖景观一一对应，实证了西湖至少200多年来都保持着原真的格局，体现了西湖作为世界文化遗产的真实性、完整性。联合国教科文组织专家实地考察时把西湖博物馆作为第一站，重要目的之一就是为了考证此图。

展馆中，一件清康熙青花西湖风景观音瓶吸引了不少参观者。此瓶撇口，长颈，丰肩，筒形腹，腹下渐敛，浅圈足。瓶身自颈以下描绘西湖风景图，亭台塔殿错落掩映，游人画舫行于其间，展现了杭州市民在西湖边怡然自得的生活。清代至民国时期，陶瓷界流行把西湖作为装饰题材，但清初康熙年间此类作品还比较少。此瓶绘有50余处西湖景观，构图巧妙，笔触细腻，青花发色典雅，是少见的清代早期青花佳作。

# 山水美学

"欲把西湖比西子，淡妆浓抹总相宜。"经过历代精心营造，西湖形成了独特的美景。世界遗产委员会评价称，在景观营造的文化传统中，西湖是对"天人合一"这一理想境界的最佳诠释。

苏堤春晓、曲院风荷、平湖秋月、断桥残雪、柳浪闻莺、花港观鱼、雷峰夕照、双峰插云、南屏晚钟、三潭印月——这大名鼎鼎的"西湖十景"是在南宋时期形成的。南宋以临安（今杭州）为都，经济的发达带动了文化的繁荣。南宋宫廷画师们从难以遍数的湖山美景中凝练出"西湖十景"，十景题名蕴含了生动、静谧、隐逸等审美主题，体现出"天人合一"的山水美学。

"陈二郎"金叶子为国家一级文物，反映了南宋杭州经济的发达。金叶子由纯金制成，薄如纸，形似书页，上面刻有铭文"铁线巷陈二郎十分金"，其中"陈二郎"为制作金叶子的金铺名称。金叶子是南宋时期商品经济繁荣的产物。它面值较大，一叠可兑换铜钱35千文。每叠10张，每张4克，40克一叠，便于携带，易于分割，大大方便了货币流通。

灵秀的山水带给人丰足的滋养，孕育出清雅隽永的艺术。南宋美学的精髓在南宋官窑青瓷上得到充分体现。南宋官窑博物馆位于杭州玉皇山以南乌龟山西麓，占地60余亩，由展厅和遗址保护厅两部分组成。展厅内，"南宋官窑历史文物陈列"以"青瓷故乡""御用之瓷""风雅之美""皇宫遗珍""南宋官窑遗址与工艺"为专题，系统展示了南宋官窑青瓷的发展历程，及其独一无二的工艺特点、登峰造极的美学价值。

南宋官窑位列宋代五大名窑之首，是宋高宗为烧造宫廷用瓷而建的御用瓷窑，由修内司直接管辖，产品以粉青釉色、冰裂纹片、紫口铁足、器型古朴四大特色而著称。由于胎土原料特殊，厚釉工艺烧造难度极大，

南宋"陈二郎"金叶子<br>杭州西湖博物馆总馆 供图

南宋官窑簋式炉<br>杭州西湖博物馆总馆 供图

南宋官窑烧制成功率不足百分之一。且由于专供御前使用，验器标准十分严苛，略有瑕疵即砸碎就地奄埋，无论成品或瑕疵品一律不得流入民间，因此南宋官窑完整器现存于世的非常少，十分珍贵。

展柜里，一件南宋官窑簋式炉格外引人注目。它是仿商周青铜簋造型的青瓷香炉，由官窑遗址出二瓷片精心修复而成，表面没有青铜簋的繁复装饰，追求自然之美。瓷炉釉色粉青莹润，釉面呈玉质感，古朴庄重而又温润含蓄。

南宋官窑博物馆是中国第一座在古窑址基础上建立的陶瓷专题博物馆，包含南宋郊坛下官窑遗址的龙窑和制瓷作坊以及老虎洞修内司南宋官窑遗址。郊坛下遗址保护厅以复原陈列、动画演示等方式再现了800多年前官窑瓷器制作、烧造的场景。立足于龙窑遗址前，仿佛能看到几百年前烧造工人忙碌的身影。他们日彐劳作于西湖边，将自己对西湖美景"天人合一"的体会融入瓷器烧造屮。

# 人文渊薮

"未能抛得杭州去，一半勾留是此湖。"优美的西湖曾让白居易离任杭州时留恋不舍。千百年来，西湖的湖光山色引得无数文人、画家挥洒才情。他们的作品和故事，为西湖增色添彩。

名人纪念馆由章太炎纪念馆、苏东坡纪念馆、唐云艺术馆、张苍水先生祠、于谦祠、于谦故居、司徒雷登故居7处场馆组成，散落在西湖周边不同地方。

苏东坡一生曾两次到杭州做官，为当地做了不少贡献。苏东坡纪念馆坐落在杭州西湖苏堤南端，由主楼展厅、碑廊、酹月轩等组成。展厅一楼陈列苏东坡生平事迹，二楼主要介绍苏东坡在杭期间的文学艺术成就。参观完展厅，可眺望不远处苏东坡主持修造的苏堤，感怀斯人。

岳飞、于谦、张煌言并称为"西湖三杰"。三人均与杭州西湖结下不解之缘，并安葬于此。"粉身碎骨浑不怕，要留清白在人间"是明代名臣于谦的述志诗句。于谦祠位于杭州西湖三台山麓，是浙江省文物保护单位，自2019年起开展全面维修及展陈改造，2021年2月重新开放。张煌言为明末抗清英雄，字玄著，号苍水。张苍水先生祠堂正中悬挂着书法家沙孟海题写的"好山色"牌匾，这3个字正是张苍水就义时面对西湖发出的感叹。

近代国学大师章太炎之墓毗邻张苍水墓，墓前建有章太炎纪念馆，这是国内最大的章太炎文物资料和研究中心。馆内展出的《膏兰室札记》记录了章太炎在杭州诂经精舍的学习心得，从中可窥见其严谨求实的治学态度。曾任燕京大学校长、美国驻华大使的司徒雷登出生于杭州，父母均为美国传教士。司徒雷登故居位于杭州拱墅区耶稣堂弄，是其父来杭传教时建造的住宅。海派画家唐云是杭州人，虽长居上海，但对家乡念念不

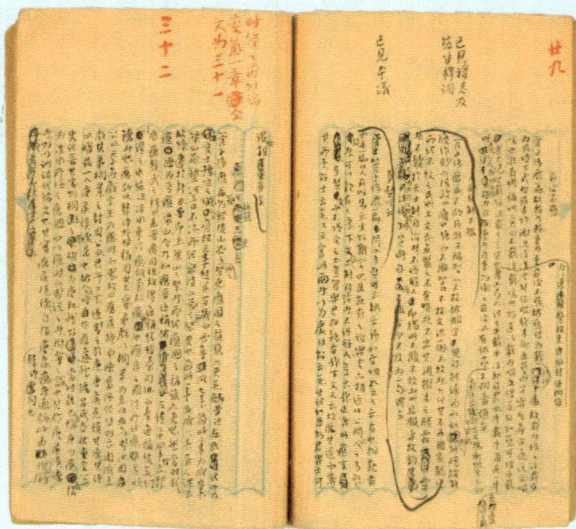

忘，一生以"杭人唐云"自称。唐云艺术馆坐落在西湖边的长桥公园，与著名的雷峰塔隔桥相望，馆内完整收藏唐云作品及其生前所藏艺术精品。

一池西湖水，千年根与魂。西湖之美说不尽、道不完。杭州西湖博物馆总馆立足于自身特色，策划推出了宋韵系列、西湖文化系列、陶瓷文化系列、名人系列等多个系列主题展览，并同步开展线上展览，在B站、微博、抖音等网络平台传播，受到青少年欢迎。

（王丽玮　文）

江南忆，最忆是杭州。

杭州古称钱塘，自古便是物华天宝、人杰地灵之地。千百年来，无数能工巧匠就地取材，以蚕丝、绿竹、玉石、陶土等为笔，以江南旖旎风光为布，创作了一幅幅工艺繁华图。

坐落于杭州市拱宸桥桥西历史文化街区的杭州工艺美术博物馆（杭州中国刀剪剑、扇业、伞业博物馆），让人们透过那些巧夺天工的工艺品，领略一脉相传的钱塘匠心。

## 千年钱塘　工艺繁盛

杭州拱宸桥是京杭大运河最南端的标志性建筑。古时，这里是江南漕运的起点。近代以来，这里成为杭州工业繁荣的发源地：浙江第一条铁路——江墅铁路终点站设在拱宸桥，浙江最早的民族企业——通益公纱厂建立于拱宸桥西，这里还诞生了杭州最早的戏院、电影院等。

杭州工艺美术博物馆馆群位于拱宸桥西岸。它的前身是棉纺工厂和

土特产仓库。锯齿形的屋顶、窄小的窗户、厚重的大门，都保留了过去工业建筑的特征。

2009年，杭州工艺美术博物馆馆群一期工程——杭州中国刀剪剑博物馆、杭州中国扇业博物馆、杭州中国伞业博物馆建成开放。2011年，馆群二期工程（杭州工艺美术博物馆）建成开放。馆群总占地面积5.5万平方米，展陈面积上万平方米。

杭州自古以来就是手工业之都。南宋时期，临安（今杭州）丝织、印刷、瓷器、制扇等发展最盛，在全国占有重要地位。杭剪、杭扇等是历史上有名的杭州特产。

刀剪剑博物馆常设展由"刀与剑""剪刀的故事"两个展厅构成，丰富多样的展品让人生动感受"物开一刃为刀，两面开刃为剑，双刀相交则为剪"的锋刃文化。馆内有一把杭州出土的东汉铁剪，是目前所见国内最早的剪刀实物之一。铁剪长约30厘米，刀柄呈8字形。与常见的剪刀不同，它由整块铁制成，中间没有销钉固定。剪刀不用时自然张开，用时按压两端刀刃即可。展厅里另一件珍贵展品是唐代錾花铜剪。剪爿（pán）纹饰采用珍珠地錾花工艺，以颇具立体感的整齐小圆点做底，两剪柄各饰一只西洋狮，体现了唐代中原与西域的文化交流。

动脉影 摄
唐代錾花铜剪

伞业博物馆陈列着各式各样的伞，让人大开眼界。早期的伞由丝帛制成，价格昂贵。造纸术普及后，人们用涂上桐油的纸制作雨伞，称为油纸伞，伞由此走进寻常百姓家。展厅里有一把八角形油纸伞，伞面中部彩

绘梅、兰、竹、菊四图，图案之间手书"请用国货"四字，格外醒目。1915年，因反对日本帝国主义提出的"二十一条"，全国掀起了抵制日货、提倡国货的运动，此伞即于此时制作。整把伞造型别致，古朴典雅，具有时代意义。

扇业博物馆里，闪光的孔雀羽扇、精致的象牙扇、轻巧的合欢扇、珍贵的玳瑁扇等琳琅满目，令人称绝。扇子在中国有着数千年的历史，最早的扇子是用羽毛做成的，"扇"字中就有个"羽"字。后来人们又用丝绢、纸、竹、蒲葵叶、棕榈叶等制作出各种扇子。

"扇业祖师殿"石匾见证了古代杭州扇业的兴盛。从宋代开始，杭州一直是中国扇业中心。明清时期，全城制扇作坊多达50余家。扇业祖师殿是清代杭州扇作坊主集资设立的，殿内曾供奉杭州扇业鼻祖齐纨和历史上462位有名的制扇艺人。

## 百年品牌　凝聚匠心

张小泉、王星记、都锦生都是杭州具有百年历史的手工业品牌，保护传承好它们的文化，也是杭州工艺美术博物馆馆群设立的初衷。

刀剪剑博物馆里最显眼的展品，就是那把高1.15米、重达28.5公斤的张小泉剪刀，这是国内最大的可使用的剪刀，20世纪80年代由杭州张小泉剪刀厂生产。明万历年间，张小泉父亲张思佳学成制剪技艺后开设剪刀店，传到第二代店主张小泉手中时，又创制了镶钢锻制技艺，选用浙江龙泉、云和的好钢精工细作。历经300余年发展，成就了"张小泉剪刀"品牌。博物馆里有一个模拟的张小泉剪刀作坊，再现了张小泉剪刀生产流程，制作一把剪刀需要经过试钢、试铁、拔坯、开槽敲断、打钢等72道工序。

西湖绸伞独特之处在于"撑开一把伞，收拢一节竹"。在伞业博物馆里，最让人过目不忘的要数各种绘有西湖风景的西湖绸伞。西湖绸伞产生于20世纪30年代初，由杭州都锦生丝织厂创制，以杭产淡竹与丝绸为主要原材料，经过选竹、劈青、贴青、上架、伞面装饰等18道工序制成。工艺要求十分严格，必须做到"三齐一圆"，即顶齐、节齐、边齐，收拢圆浑，复成天然竹节。西湖绸伞设计奇巧，既美观又轻便，其制作技艺被列入国家级非物质文化遗产代表性项目名录。

王星记是杭州最著名的扇业品牌。王星记扇庄创办于1875年，扇庄创始人王星斋出身于制扇世家，祖父、父亲都是扇业工匠。王星记扇子在清代作为贡品，是帝王回赠外国使节的珍贵礼物。

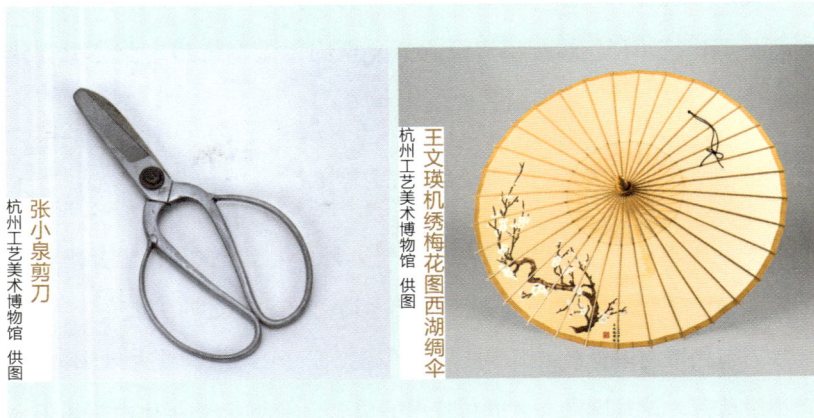

张小泉剪刀 杭州工艺美术博物馆 供图

王文瑛机绣梅花图西湖绸伞 杭州工艺美术博物馆 供图

清代陈益斋百将图行书黑纸真金扇

杭州工艺美术博物馆 供图

在扇业博物馆二楼展厅，一把清代陈益斋百将图行书黑纸真金扇格外引人注目。这是馆藏最早的杭州王星记扇子，由王星斋的岳父陈益斋制作，扇面有陈益斋的落款。整个扇面用烟煤涂黑，再用金粉来书画。扇骨用棕竹制成，纹理天然，比普通毛竹韧性更强，不易折断。虽历经百年沧桑，扇面上的彩绘百将图仍色彩分明，画面左侧旗杆上"水泊梁山"字样清晰可辨。这种黑纸扇经久耐用，浸水而不走样，不但能扇风、蔽日，夏季外出如果遇雨还可遮在头上挡一阵雨，有"一把扇子半把伞"之谓。

## 名师带徒　薪火相传

杭州工艺美术博物馆展品以当代工艺品为主，涵盖雕塑、陶瓷、织绣、编织、金属等门类。

在三楼展陈区，一幅巨大的"双面异色异物雷峰塔今昔屏"机绣作品令人惊叹。绣屏用1000多种丝线绣出两面西湖景观，一面是雷峰塔旧景，沉郁的黑白色调；一面是重建后的雷峰塔，明艳动人。创作者王文瑛是"杭州机绣"省级非遗传承人、中国工艺美术大师，至今还活跃在机绣一线，带过的徒弟数不胜数。

在陶瓷展区，一组青花斗彩婴戏作品颇为吸引人。这组作品由两位中国工艺美术大师郭琳山、嵇锡贵共同创作完成，以鲜亮的釉色、生动的造型表现童真童趣。身着靛朱镶嵌斗彩服的两个婴童正在玩捉迷藏游戏，白胖的小脸上浮着淡淡的红晕，嬉耍的喜悦从弯弯的眼角流露出来。

中国工艺美术大师赵锡祥设计的床罩，上面囊括了萧山花边所有的针法和制作工艺。这件作品光设计稿就画了6个月，共有300多张图纸，58位绣娘花费4个月时间，用1400万针绣出820朵玫瑰花，同一片花瓣上所用的针法都不一样。

欣赏完大师们的作品，还可以到二楼大师工作室现场观摩大师制作。19个大师工作室一字排开，既有手绣、机绣、木雕、石雕、陶艺等传统工艺美术门类，又有西湖绸伞、萧山花边、钱塘剪纸等非遗项目。

在萧山花边大师工作室，赵锡祥大师的徒弟符曼倩正在教一些大学生练习各种技法。墙上挂着多件符曼倩的作品，色彩缤纷绚丽，突破了萧山花边传统的白色或米色，令人眼前一亮。

从2012年开始，杭州工艺美术博物馆作为杭州"工艺与民间艺术之都"传承基地之一，推出"工艺与民间艺术薪火传承计划——大师带徒学艺项目"，第一轮由国家级工艺美术大师带徒，第二轮自2019年开始，由浙江省工艺美术大师带徒。在活态传承中，将优秀传统工艺和非物质文化遗产发扬光大。

（王丽玮　文）

郭琳山、稽锡贵《青花斗彩婴戏——捉迷藏瓷雕》
杭州工艺美术博物馆 供图

特重工万缕丝全雕垫绣镶边床罩
杭州工艺美术博物馆 供图

革命声传画舫中

诞生共产庆工农卷土来

重新细把旧行踪

访旧踪

董必武题 一九五四年四月五日

红船精神
永放光芒

南湖革命
纪念馆

二六五

南湖革命纪念馆

浙江嘉兴南湖，水光潋滟，波澜不惊。从码头乘船登上湖心岛，便能看到被绿树掩映的烟雨楼，重檐画栋，朱柱明窗。烟雨楼旁，停泊着一艘中型画舫，这就是闻名遐迩的中共一大纪念船。百年前，中国共产党诞生于南湖红船上，这是"开天辟地的大事变"。

1959年10月，南湖革命纪念馆建立。经过两次搬迁扩建，如今的馆址位于南湖南岸。青灰的外墙，高耸的檐柱，门楣上行书"南湖革命纪念馆"7个金色大字，由邓小平同志1985年在北京题写。自2011年新馆建成开放至2020年年底，南湖革命纪念馆累计参观人数达1828万人次，仅2019年就迎来超250余万名参观者。五湖四海的人们在这里聆听建党故事，重温红船精神。

## 革命声传画舫中

1921年8月初，中国共产党第一次全国代表大会最后一次会议在嘉兴南湖一艘游船上举行。会议通过了中国共产党的第一个纲领和决议，选举

中共一大纪念船（红船）

盛建生 摄

产生中央局，宣告中国共产党正式成立。为纪念这段伟大的历史，1959年，中共中央和浙江省委决定成立南湖革命纪念馆，同时复原当年开会的游船。

工作人员经过广泛的调查研究后，精心制作了一只红船模型，请负责中共一大会务工作的王会悟把关。听取意见后，他们又做了一只船模寄往北京，请中共一大代表董必武审定，最终确定了红船的外观和内饰。

1959年10月1日，仿制红船正式下水，停泊在湖心岛烟雨楼东南岸水面。

这是一艘中型的单夹弄丝网船，全长约16米，最宽处有3米。船头平阔，船身分为前舱、中舱、房舱和后舱，以左边的一条通道贯通。中共一大就在原船的中舱举行。后舱跟中舱隔着一个房舱，以保证隐蔽。船舱用榉木、楮木等硬木材料制成，舱底用框状木板铺平。船后有一小拖梢船，过去为船家进城购物、接送客人之用。

1964年4月，董必武重访南湖，登上中共一大纪念船，仔细察看船舱内外后说："这只船，我回忆是造得对的，造得成功的。"

如今，这艘纪念船已历经30多个春秋，见证了中国共产党带领新中国走向繁荣富强。

## 到处皆闻殷殷雷

南湖革命纪念馆馆藏文物4万多件（套），其中国家一级文物12件（套）。纪念馆专门成立了革命文物征集小组，在全国范围内搜寻文物。

20世纪20年代上海群益书社发行出版的《新青年》合订本（第一卷至第七卷），2015年入藏南湖革命纪念馆，被鉴定为国家一级文物。

20世纪初的中国，山河破碎，有识之士苦苦寻觅救国之路。1915年9月15日，陈独秀在上海创办《青年杂志》；次年9月1日出版第二卷第一号时改名为《新青年》。《新青年》吹响了新文化运动的号角，成为宣传马列主义和反帝反封建思想的阵地。

自1915年9月创刊至1926年7月终刊，《新青年》共出版9卷54号。南湖革命纪念馆收藏的这套合订本共8册，汇集了《新青年》第一卷至第七卷的内容，其中第七卷为上下两册。封面统一印有"新青年"绿色大字，上下装饰着绿色花边，扉页竖排印制杂志名称、卷号和印刷单位。透过泛

王小峥 摄

《新青年》合订本

李达著《社会学大纲》

王小峥 摄

董必武题词

王小峥 摄

黄书页上铿锵有力的文字，还能感受到百年前那些关心国家和民族命运并为之奋斗的青年人的热血激昂。

李达著《社会学大纲》、何叔衡用过的牛皮旅行包、陈潭秋签发的借谷证……南湖革命纪念馆收藏了多件与中共一大代表有关的文物。

笔耕堂书店1937年5月出版的《社会学大纲》，是中共一大代表、马克思主义哲学家李达的代表作。当时国民党出台了一系列法令细则，禁止宣传共产主义。李达冒着被逮捕和杀害的危险，以夫人王会悟的笔名"王啸鸥"在上海英租界注册了笔耕堂书店。他们自己出钱、自己买纸，找人代为印刷，出版了大量马克思主义著作。

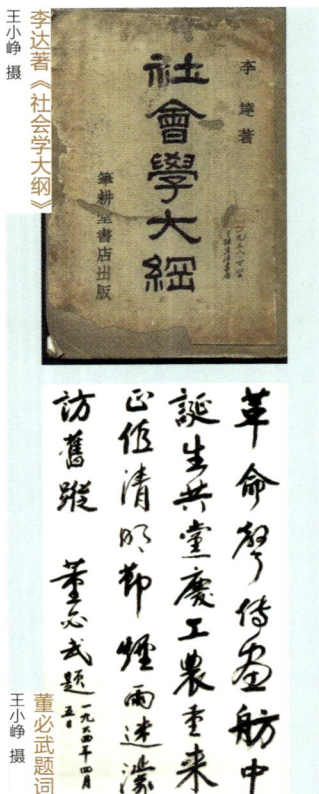

《社会学大纲》包括5篇12章共42万字，1937年至1939年间共印行4版。为应对当局检查，李达对书中敏感词汇进行加工处理，并取了一个隐晦的书名。正式出版之后，王会悟想尽办法把书寄到延安。毛泽东收到书后说："这是一本好书，这是中国人自己写的第一本马列主义的哲学教科书。"他把这本书读了10遍，并在书上写了3000多字的批注。

"烟雨楼台革命萌生，此间曾著星星火；风云世界逢春蛰起，到处皆闻殷殷雷。"这是 1963年12月董必武为中共一大南湖会址题写的楹联，如今悬挂于烟雨楼厅堂内。

王小峥 摄

邓恩铭家乡征集的水族床幔

中共一大结束后，代表们把革命的火种带向全国各地。一只破旧的旅行包，陪伴着何叔衡从湖南宁乡走向苏维埃，见证了他勤俭朴素的革命生涯。两张1934年签发的借谷证，反映了时任中央政府粮食部部长陈潭秋不畏艰难、依靠群众的工作作风，记录了红军和苏区人民深厚的鱼水情。

馆内还藏有一块长约2米的水族床幔，白色布面上，用丝线绣着蝴蝶、花卉等图案。这是纪念馆工作人员2007年到中共一大代表邓恩铭的家乡贵州荔波征集来的文物，也是馆内唯一的少数民族饰品。

邓恩铭是中共一大代表中唯一来自祖国西部山区的，也是唯一的少数民族代表，这件床幔反映了他的水族身份。蝴蝶是水族人的民族图腾，在他们的衣服、床幔、围腰上随处可见蝴蝶图案。邓恩铭16岁时从贵州荔波来到山东济南，在求学期间接触了马克思主义思想。1921年7月，年仅20岁的邓恩铭和王尽美代表济南共产党早期组织赴上海参加中共一大。回到山东后，邓恩铭等人组建了中国共产党山东区支部，积极开展革命活动。1931年，邓恩铭在济南纬八路刑场英勇就义，临刑前高呼"中国共产党万岁"。

中共一大代表群雕

王小峥 摄

## 红船精神永流传

一船红中国，万众跟党走。

2005年，时任浙江省委书记习近平同志，把"红船精神"的主要内涵概括为"开天辟地、敢为人先的首创精神，坚定理想、百折不挠的奋斗精神，立党为公、忠诚为民的奉献精神"。

南湖革命纪念馆致力于用生动多样的展览语言，讲好革命故事，讲好红船精神。

纪念馆内，可以看到不少颇具感染力的油画和雕塑作品，一幅名为《南陈北李　相约建党》的大型油画格外引人注目。这是2009年南湖革命纪念馆邀请著名油画家、全国美术作品展金奖获得者陈坚专门绘制的。为贴近史实，陈坚查阅了大量党史方面的资料。纪念馆工作人员多次与陈坚沟通，反复推敲画面布局、人物形象乃至整幅画所渲染的气氛，经过多次修改才确定终稿。

2018年，南湖革命纪念馆"红船精神展示厅"向公众开放。展览分为"红船精神与初心使命""红船精神的深刻内涵""红船精神是中国革命精神之源""红船精神的时代价值"四部分，展出图表210余幅，实物展品65件，系统阐述了红船精神的"起航、凝聚、升华"。

2021年4月，南湖革命纪念馆启动了"百年航程 红船初心——中国革命精神大联展"，采用"请展"和"送展"结合的方式，与省内外纪念馆、部队、学校等联合举办展览活动，取得良好反响。

2020年，纪念馆策划推出了20期"革命文物里的初心故事"，这一系列短视频在官微发布后收获了很多点赞。2021年在此基础上进行提升，上线"百年航程里的初心故事"，努力打造"没有围墙的纪念馆"。

2020年年底，南湖革命纪念馆组建了一支16人的"红船讲解员小分队"，走进企业、社区、学校、军营、农村，以讲微党课、演情景剧等形式，向大众传播红船精神。小分队原创的情景剧《听王会悟讲一大故事》，在2021年也搬进了纪念馆，由讲解员扮演"王会悟"向观众讲述中共一大故事，让观众有身临其境之感。

（康梦琦 文）

广东民间工艺博物馆

品赏古建筑间的
南粤匠心

广东民间工艺
博物馆

在广州地铁1号线上，有一站叫"陈家祠"。从地铁站出来走不远，便可看到一座屋脊上布满精美雕刻的传统建筑。陈家祠落成于清光绪十九年（1893年），是广东各地陈氏宗族合资捐建的合族祠，又称"陈氏书院"。陈家祠集广东民间建筑装饰艺术之大成，被誉为"岭南建筑艺术明珠"，郭沫若曾赋诗赞其"天工人可代，人工天不如"。

这座久负盛名的百年古建筑，现为广东民间工艺博物馆所在地。博物馆收藏各类珍贵文物与现代工艺精品2万多件（套），设有11个展厅，向观众展示岭南传统建筑艺术和丰富多彩的民间工艺。

广东民间工艺博物馆（陈家祠）外观 广东民间工艺博物馆 供图

# 建筑艺术中西合璧

陈家祠是广东现存规模最大、保存完好的传统岭南祠堂式建筑，总面积1.5万平方米，主体建筑面积6400平方米，由19座单体建筑组成，呈三路三进、两庑九厅堂式布局。整个建筑群长廊相连，庭院穿插，厅堂轩昂，园林秀美，细节之处彰显匠心。

来到"陈氏书院"正门，两扇高大的黑漆木门上，绘制着两个4米高的门神，这是广东地区现存最大的彩绘门神，格外威严气派。

跨过门槛，迎面隔挡外部视线的屏门上雕刻着精美的图案。凑近细看，每一幅图案都生动有趣，蕴含丰富寓意。大芭蕉象征家大业大，芭蕉树下一只母鸡带着7只小鸡觅食，象征儿孙昌盛。苍劲的老竹盘绕成"福"字，形成"竹福图"（谐音"祝福"），下方还有两棵小竹笋，象征后代如雨后春笋般蓬勃发展。陈家祠的建筑装饰中大量采用吉祥图案、神话传说和历史故事题材，表达祈求兴旺吉祥的美好愿望，洋溢着浓郁的民间文化气息。

广州是海上丝绸之路起点，自古以来是对外贸易重镇。频繁的贸易交往孕育了广东开放包容的气质，也影响了建筑艺术发展。陈家祠有不少建筑装饰反映出当时中西文化的交流。

在首进东厅北面墀头上，刻着一处别致的砖雕——两个扎着发髻、穿着肚兜的小天使左右对望。它将西方小天使与中国年画中的"福娃"造型融为一体，颇具创意。连廊和月台运用了西方园林常见的铁铸工艺，配以中式传统雕花图案，中西合璧，相映成趣。

"三雕两塑"（石雕、木雕、砖雕，陶塑、灰塑）是岭南传统建筑常用构件。陈家祠屋顶上装饰着层叠错落、精致繁复的陶塑和灰塑，堪称这座建筑一大亮点。最顶层的陶塑瓦脊就是著名的"石湾陶"，在广东佛山

广东民间工艺博物馆 供图

广东地区现存最大的彩绘门神

广东民间工艺博物馆 供图

陈家祠陶塑瓦脊

二七五

广东民间工艺博物馆

石湾镇烧制而成，内容一般以粤剧故事、花卉和吉祥图案为主。瓦脊下方的基座是灰塑。灰塑的制作工艺比较特别，用石灰掺入糖胶、稻草、糯米等混合发酵后，往房顶的铜铁骨架上填抹塑形，再涂上颜色。灰塑没有经过高温烧制，容易受风雨侵蚀而剥落掉色，每隔五六年就要进行保养修复。

清代木雕刻龙纹大神亭
广东民间工艺博物馆 供图

民国金漆木雕大神亭
广东民间工艺博物馆 供图

为了让观众近距离感受岭南传统建筑的魅力，广东民间工艺博物馆常设"岭南传统建筑装饰"展。展厅中有来自潮阳梅祖家祠的石雕，在一整块坚硬的青石上雕出由三段图案组成的花篮，其中最纤细的"拉猪绳"宽度仅3—4毫米，令人叹为观止。

## 民间工艺争奇斗巧

走进陈家祠中进主厅聚贤堂，宽敞的厅堂里还原了当年陈氏宗族聚会议事时的摆设。聚贤堂两侧展柜陈列了多件馆藏珍品，其中两座木雕神亭格外抓人眼球。神亭是民间举办迎神赛会活动时安放神像或牌位的器具。深色的刻龙纹大神亭由清代广州地区的木雕艺人打造，它看上去低调，实际上做工非常考究，用材十分丰富。神亭选用乌木、影木、酸枝等名贵木材，台阶外用云石、内用汉白玉，屋顶瓦片是螺钿，屏门、栌墩是象牙，侧面还装上了从西洋进口的套色玻璃。

另一件金漆木雕大神亭是民国时期作品，采用潮汕地区特有的金漆木雕工艺：先把木头雕刻好，在木雕上刷大漆，再利用漆的黏性贴上金箔。神亭上精雕细刻各种人物、动物、花卉等图案，金光熠熠，华丽动人。神亭中部楼阁牌匾上刻有"海国慈航"，据推测应为妈祖诞时，游神所用。

在常设陈列"岭南民间百艺"展厅，可以看到更多巧夺天工的工艺品。象牙雕刻是广州地区富有特色的一项传统工艺，多层象牙球则是最能代表广州象牙镂雕技艺的作品。展厅里有一个43层的象牙球，它是将一块完整的象牙镂雕为层层相套的球体，每一层都可以独立转动，球面上还有精细雕花。早在宋代就有制作象牙球的记载，如今，象牙球最多已做到57层。

象牙球旁边放着象牙微雕工艺创始人冯公侠雕刻的屈原《九歌》。拇指大的小座屏上刻有1700余字，肉眼看是密密麻麻的黑点，置于放大镜下，可以看见每个字笔画清晰工整。

一把嘉庆年间的象牙镂丝人物徽章纹折扇，代表了清代象牙扇制作技艺的巅峰水平。折扇共21片，通体镂空雕刻54个古装人物及花卉纹饰等，没有雕刻图案的镂空处全用垂直象牙丝填充，牙丝细如毛发，一触即断。在它们的映衬下，主体图案看上去仿佛悬浮于空中。象牙扇等工艺品曾是外销西方的抢手货，不少欧洲贵族都以拥有这些来自东方的"高级定制"作为身份的象征。

艳丽夺目的广彩瓷、细腻灵动的广绣、色彩斑斓的惠来贝缀、栩栩如生的大吴泥塑……展厅里汇聚了26种岭南民间工艺品，展现了一代代岭南匠人的智慧与高超技艺。

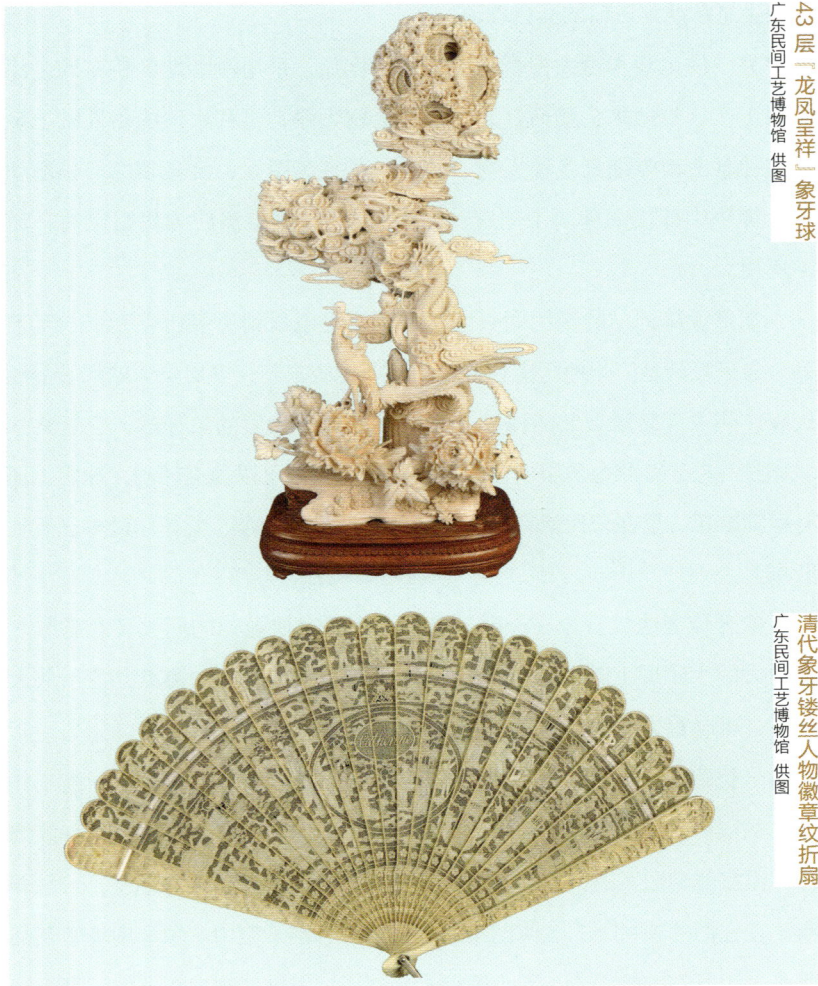

二七八

## 百年祠堂焕发新姿

　　经过青云巷，穿过风雨连廊，来到位于后进的祖堂。这里曾是陈氏子弟供奉祖先牌位的地方，如今陈列着"百年陈氏书院"展。

　　曾翔介绍，清代广州有不少像陈家祠这样的合族祠，它们相当于各县"驻广州办事处",为参与捐资的宗族子弟赴广州备考科举、候任、交纳赋税、办理诉讼等提供临时居所。新中国成立后,陈家祠收归国有。1959年,广东民间工艺馆(广东民间工艺博物馆前身)成立,以陈家祠为馆址。

广东民间工艺博物馆自成立以来,就肩负起保护、研究和管理利用陈家祠的重任。近年来,博物馆引进多个数字化项目,借助科技手段对陈家祠建筑进行保护:通过三维扫描,搭建出陈家祠建筑的数字模型;应用北斗卫星导航系统,实时监测古建筑的裂缝、沉降等情况;引进实时白蚁监测系统,预防白蚁侵害等。

新技术的赋能也让博物馆更好地讲述文物故事。2018年,广东民间工艺博物馆"数字体验馆"建设完成,通过三维数字投影、虚拟现实和增强现实技术,立体生动地展示陈家祠百余年历史和岭南建筑艺术。

博物馆还开辟民间工艺展演厅。工艺师驻场表演牙雕、榄雕、广彩瓷、手工打金、石湾陶、广州玉雕等传统工艺。观众不仅可以现场观摩工艺师们的精湛技艺,还可以购买工艺品带回家。

从2015年开始,广东民间工艺博物馆每年接待观众超百万人次,并逐年上升。2020年3月,"南方+"客户端"云游博物馆"直播节目走进广东民间工艺博物馆,吸引了数十万网友在线观看。

"展望未来,我们将继续做好陈家祠的保护和利用,坚持做好藏品整理研究,推出更多基于自身特色的原创展览。同时要不断提升公共服务水平,加强传统工艺的传承和创新转化,探索更科学的文创经营模式,从而更好地传播中华优秀传统文化。"广东民间工艺博物馆馆长黄海妍说。

(毕嘉琪 杨逸 文)

历久弥新的羊城文化地标

广州博物馆

　　5月的羊城，芳菲尽染，姹紫嫣红。漫步于广州市越秀公园内，拾级而上，苍翠欲滴的树木间，一座高5层的塔楼映入眼帘。朱墙绿瓦，飞檐重叠，瑰丽雄奇。登楼远眺，羊城景色尽收眼底。这就是全国重点文物保护单位——始建于明洪武十三年（1380年）的镇海楼，初名"望海楼"，明嘉靖年间改名为"镇海楼"，寓意"雄镇海疆"。作为广州市著名的文化地标，镇海楼2019年入选"中国历史文化名楼"。

广州博物馆镇海楼
广州博物馆 供图

广州博物馆的主馆址就位于此。1929年，广州市立博物院（广州博物馆前身）在镇海楼建成开放，这是华南地区首座博物馆，以"救亡图存，开启民智"为使命，对岭南地区文化发展有着重要意义。新中国成立后，广州博物馆逐渐发展为一座收藏、研究、展示、宣传广州历史文化的地志性综合博物馆，馆藏文物、艺术品约13万件（套）。除了镇海楼展区，广州博物馆还包括以"海贸遗珍"展为主的仲元楼展区、三元里人民抗英斗争纪念馆、"三·二九"起义指挥部旧址纪念馆。

## 承载城市文化记忆

走进镇海楼展区"城标·城史"基本陈列，广州五六千年来的历史文化进程和2200多年的城市发展轨迹在眼前逐层展开。近千件馆藏文物和沙盘、浮雕、视频等，向观众讲述广州这座城市的沧桑历史与独特文化。

早在6000多年前的新石器时代，珠江三角洲一带就有先民繁衍生息。先秦时期，岭南地区为越族聚居之地。公元前214年，秦始皇统一岭南，设南海、桂林、象三郡。南海郡首任郡尉任嚣在番禺（广州旧称）筑城，将其作为南海郡郡治。展厅里展示了一件长椭圆形漆盒，1953年出土于广州西村石头岗秦墓，盒盖正中烙印有"蕃禺"二字，这是秦朝在广

秦代『蕃禺』漆盒　广州博物馆 供图

州设置郡县的重要历史物证，也是广州建城2200多年的最早物证。

公元前204年，秦将赵佗趁中原楚汉相争之际，在岭南建立南越国，定都番禺。南越国是岭南地区第一个封建王国，延续了93年。展柜里的印花方砖、"万岁"瓦当等建筑构件，出土于南越国宫署遗址，让人遥想2000多年前南越国王宫的景象。

汉武帝灭南越国后，在岭南设交趾刺史部，东汉时改为交州。三国时期，孙权将交州划分为交、广二州，"广州"地名首次在历史上出现。

作为岭南政治文化中心和对外贸易的重要港口，广州留下了丰富的文化遗存。东汉陶船模型、晋代青釉鸡首壶、唐代箕形端砚、宋代铜壶滴漏、元代青花船型水注（水注：专供研墨用滴水器皿）……琳琅满目的文

广州博物馆

西汉陶托灯俑
广州博物馆 供图

元代青花船型水注
广州博物馆 供图

东汉陶船模型
广州博物馆 供图

物展现了古代广州的社会文化风貌。两宋时期，广州城经过多次修筑，形成了子城、东城、西城的基本城市格局，一直延续至明清。

近代以来，广州得风气之先，聚集了大批进步知识分子和革命志士。三元里人民抗英斗争、"三·二九"起义、护法运动、广州起义等重大事件留下了浓墨重彩的历史遗迹。1949年10月14日，广州解放。广州东亚酒店职工连夜赶制了一面五星红旗，第二天凌晨在酒店顶楼升起，成为迎接广州解放的第一面五星红旗。

## 展现千年商都盛景

广州是海上丝绸之路的发祥地，也是世界上少有的2000多年来持续繁荣的贸易大港。广州汉墓中出土不少来自非洲、西亚地区的舶来品，证明秦汉之际从番禺到波斯湾的海上航线已经贯通。

隋唐至宋元时期，广州对外贸易蓬勃发展，往来频繁的商贾和僧侣促进了文化交流，塑造了广州独特的港市文明。明代广州在朝贡贸易体系中作用突出，并成为"地理大发现"后西方航海国家到东方贸易的重要港口。清康熙年间，在广州设立粤海关，依托十三行商人与海外诸国开展贸易。1757年至1842年，广州作为中国对欧美国家"一口通商"的口岸，经济、文化、城建快速发展，成为享誉世界的繁华商都。

在镇海楼内，一幅玻璃画吸引了参观者的目光。画面上珠江北岸商馆林立，各色国旗飘扬，商船如梭。这是清代十三行夷馆玻璃画，长50厘米，宽45厘米，是一件展示广州口岸历史文化特色的艺术精品。

1757年，广州开启"一口通商"，清政府在珠江北岸划出专门区域，供外商居住和贸易。这片区域即为十三行商馆区，又名"十三行夷馆"。来来往往的外国商船到达黄埔锚地，经粤海关检查后，用小船将货物运到商馆区卸货。外商在这里谈价、发货、娱乐，购回中国的茶叶、瓷器、丝

织品等。最初，中国行商将己有的店铺租给外国人。1822年大火后，由外国人自己兴建商馆。画中的商馆有圆拱廊柱和阔大的露台，充分体现了西式建筑风格。

　　明清时期，随着海外贸易持续发展，象牙、犀角、水晶、珊瑚、琥珀、酸枝木、硬木等贵重物料源源不断地输入广州，并由广州工匠制成精美的工艺品。展厅里的清乾隆錾胎珐琅金鼎，是广东官员进献宫廷的"广作"精品，代表了乾隆时期广州工匠的精巧技艺。金鼎双耳做云花式，鼓扁腹，圜底，三兽首柱足，盖顶嵌有一颗通透碧绿的翡翠，器身錾出红黄蓝绿多色纹样及福禄寿字体，流光溢彩，精美华丽。

　　仲元楼展区的"海贸遗珍"展，汇聚牙雕、刺绣、丝织品、广彩、外销瓷、外销画等艺术品，再现了18世纪至20世纪初广州口岸对外贸易的盛况。展览中有一件精品文物不可错过，它就是被称为广州"清明上河图"的清代"广州珠江北岸风情图"木雕封檐板。封檐板是古建筑门楣上的构件。这块长8.6米、宽约0.3米的封檐板，是清乾隆时期作品，原置于广州从化太平镇钱岗村广裕祠。走近细看，从左到右可以辨认出西炮台、归德城门、镇海楼、十三行商馆、琶洲塔等广州著名景物。珠江上，满载货物的帆船和装饰华丽的花艇往来穿行，岸上挑担叫卖的小贩和江边垂钓者栩栩如生。这件封檐板细致而全面地描绘了清代广州珠江北岸的自然风光和热闹的城市百态，具有很高的历史和艺术价值。

## 打造精品社教活动

　　作为展示城市历史文化的重要窗口，广州博物馆依托自身馆藏，每年举办不同主题的特色专题展览。2020年1月，广州博物馆推出"字字珠玑——广州博物馆藏有铭铜器展"，展出吉金、铜镜、玺印、古钱四类有铭铜器208件（套），其中40件青铜器珍品来自近代金石学家、古文字学家容庚的捐赠，如历经2000多年仍削铁如泥的战国越王剑、器型罕见的周代曾大保铜盆、保存完好的东晋周君时六面铜印等。广州博物馆微信服务号"智慧广博"还上线了"字字珠玑"展的四维云展，让观众足不出户就能获得身临其境观展的体验。

除了举办精品展览，广州博物馆还充分挖掘馆藏的文化资源，打造有影响力的社教活动品牌。

"小广的奇趣假期"是广州博物馆每年寒暑假举行的文化教育活动，将趣味体验与知识学习结合，很受青少年欢迎。2019年"小广的奇趣假期"文化冬令营"步步夺'银'"带领青少年走进广州制银非遗工作室，体验银饰制作。

2018年起，广州博物馆开展了"漫游镇海楼，细数粤童谣"粤语童谣推广活动，通过参观展览、非遗活动体验等多种方式，让青少年深入了解广府文化。

"字字珠玑"DIY拓印体验活动 广州博物馆 供图

在各个传统节日，广州博物馆都会举办"我们的节日"系列活动，让观众感受传统节日的文化内涵。顺应互联网时代的发展趋势，广州博物馆积极利用新媒体平台传播文化内容，开展线上活动，通过大家喜闻乐见的新形式、新手段，做好新时代岭南文化的传承，让老城标焕发出新活力。

（洪秋婷　文）

# 探寻两千年前的『地下王宫』

南越王博物院

在广州市越秀区解放北路，有一座西汉古墓。在古墓基础上建立的西汉南越王博物馆，1988年对外开放，2008年被列入首批国家一级博物馆。博物馆以古墓为中心，倚山而建，建筑面积1.74万平方米，由综合陈列楼、古墓保护区、主体陈列楼组成。博物馆外墙仿照陵墓石室材质，用红色砂岩作贴面，体现出典型的岭南现代建筑风格。2021年，西汉南越王博物馆与南越王宫博物馆合并，组建南越王博物院。

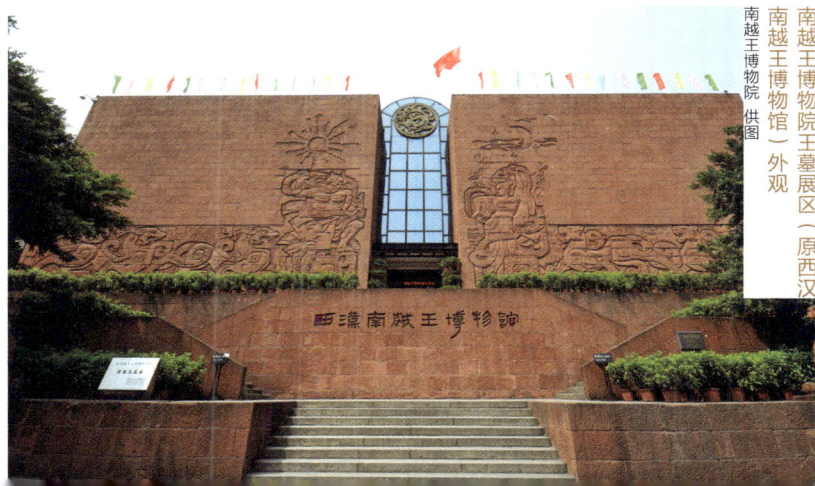

南越王博物院王墓展区（原西汉南越王博物馆）外观

南越王博物院 供图

## 参观古墓　体验独特

南越王墓的横空出世，堪称20世纪80年代轰动一时的重大考古发现。

1983年6月，广东省政府基建部门在越秀区象岗山施工。当推土机开挖公寓楼墙基时，地下露出一块块平整的大石板。工程负责人立即联系文物部门，闻讯赶来的专家经过3天勘察，初步得出结论——这是一座西汉南越国时期的王侯级大墓。

随后开展的考古发掘中，考古工作者在墓主人胸腹位置发现一枚龙钮"文帝行玺"金印。据史书记载，南越国第二代王生前曾僭越自封"文帝"，并私自铸玺，死后将其随葬陵寝。专家由此判定，墓主人就是赵佗之孙、南越国第二代王赵眜。

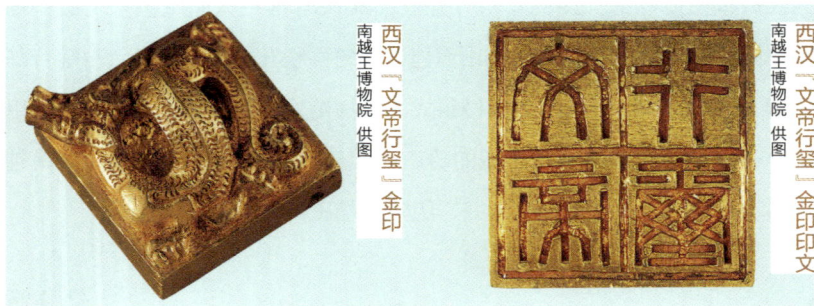

西汉"文帝行玺"金印
南越王博物院 供图

西汉"文帝行玺"金印印文
南越王博物院 供图

南越王墓是岭南地区迄今发现规模最大的汉代彩绘石室墓。南越王博物院王墓展区建立在古墓原址上，观众可以进入汉代王侯大墓中参观，这种体验独一无二。

古墓上方覆盖着仿茂陵形状的覆斗形玻璃光棚，象征汉代帝王陵墓的覆斗型封土。走进墓道，前室墓门上红黑两色卷云纹彩绘依稀可见。墓室由750多块采自番禺莲花山古采石场的红砂岩砌成，整体布局如倒置的

"士"字，坐北朝南，分前后两部分，由石门隔开。墓前部（南部）为前室、东耳室、西耳室，相当于朝堂、宴饮之所、储物室。墓后部（北部）为主棺室、东侧室、西侧室和后藏室，是墓主人房间、妃妾房间、仆役房间和储物室。整座大墓建筑面积约100平方米，仿佛南越王生前宫殿的缩小版。

墓中陪葬十分奢华，轻丝彩绸、金车宝马、编钟大鼎、山珍海味等应有尽有，此外还有15个殉人。由于南越王墓从未被盗掘，保存完好，从中出土了1万多件文物，集中反映了2000多年前南越国政治、经济和文化状况。

## 南越藏珍　世所罕见

参观完古墓保护区，来到主体陈列楼。陈列楼地下一层以金字塔状光棚采光，与墓室覆斗形光栅相区别。楼北侧高耸一座玉圭形门阙，代表墓主的高贵身份。东西两侧墙壁上刻有船纹浮雕，是出土文物"船纹铜提桶"上纹饰的再现。

主体陈列楼"南越藏珍"展包括"南越文帝""美玉大观""兵器车马""海路扬帆""生产工具""宫廷宴乐"6个单元，展出南越王墓出土文物490件（套），其中有200余件国家一级文物。

第一单元"南越文帝"介绍南越王赵眜生平和主棺室出土文物情况。证明墓主人身份的"文帝行玺"金印就陈列于这一单元，吸引了不少观众驻足欣赏。

公元前204年，秦统一岭南时的功臣赵佗趁天下大乱之际建立南越国，国都定于番禺（今广州）。南越国历五任国王，后被汉武帝出兵所灭，享国93年。不同于汉初刘邦所封的诸侯国，南越国虽归附于汉，但仍有较大独立性，赵眜墓中出土的"文帝行玺"印正是其独立性的体现。

这枚金印重148.5克，含金量达98%，是目前考古发现最大的西汉金印。印面有田字界格，阴刻篆书"文帝行玺"4字。印钮是一条游龙，盘曲成S形，雕刻精美。

除了"文帝行玺"金印，南越王墓出土的金印还有2枚，合占迄今发现汉代金印数量的1/4。此外还有其他各类玺印20枚，包括铜、玉、水晶、玛瑙、绿松石、象牙等6种材质。这些玺印及其印文为判断墓主及殉人身份提供了直接依据，也体现了南越国独特的用印制度，对于研究南越国史和汉越融合具有重要作用。

丝缕玉衣也是南越王墓中的代表性文物。这套玉衣穿着于墓主人身上，全长1.73米，用玉2291片，由丝线穿系和麻布粘贴编缀而成，包括头套、上身衣、袖套、手套、裤筒和鞋。出土时，编缀玉衣的丝线和麻布已朽，玉片散落，现在人们看到的展品是由专家历时3年修复而成。

全国各地考古发现的玉衣不少于50件，多为金、银、铜丝编缀玉片而成。南越王赵眜的玉衣，是目前考古所见唯一形制完备的丝缕玉衣。

在"美玉大观"单元，一件透雕龙凤纹重环玉佩吸引了观众注意。玉佩内环中有一条昂首的游龙，外环的凤鸟婀娜多姿，立于龙爪之上，头

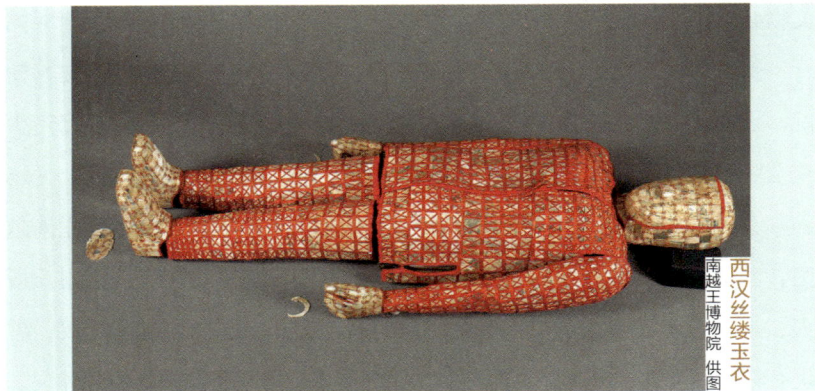

西汉丝缕玉衣
南越王博物院 供图

冠和尾部延伸成卷云纹状，将双环之间的空间填满。凤鸟回头与龙对望，似在喃喃细语，表达了龙凤呈祥的美好寓意。

展览中还可以看到铜铁兵器、铁质农具、饮食器具、青铜乐器等，生动反映了2000多年前岭南地区的生产生活图景。从墓中出土的大量禾花雀遗骸可以看出南越王的饮食癖好，烤炉、煎炉、釜、甑等烹饪器具则体现了南越人烹饪手法的多样。

## "海丝"文物　价值非凡

西汉时期，广州已经是重要的港口和商品集散地。南越王墓出土的不少文物与"海上丝绸之路"相关，体现了当时经贸、文化交流的盛况。

展柜里陈列着一件造型独特、雕刻精美的玉杯，这是目前汉代墓葬中出土的唯一一件角形玉杯，也是首批国家禁止出国（境）展览的文物之一。它由整块青白色硬玉雕成，呈犀角状，口部椭圆，线条优美，纹饰以卷云纹为主，集圆雕、线雕、浅浮雕、高浮雕等雕刻工艺于一身，杯口下缘还雕有一只尖嘴兽。这件玉杯与国内同时期玉器的器型不同，与西方的来通杯在器型、纹饰、使用方式上有相似之处，因此有专家认为它是"海上丝绸之路"开通后文化交流的产物。

"海路扬帆"单元中展示了南越王墓主棺室出土的一件扁球形银盒，盒身和盖子上有对向交错的蒜头形凸瓣纹，颇具特色。它是用捶揲法制成，这种工艺及器物纹饰、造型具有古代波斯金银器的特点，专家判断它很可能是一件舶来品。银盒进入中国后，工匠在盖子上焊接了盖钮，在盒底加了铜圈足。它被当作药盒使用，出土时盒内还装有药丸。

南越王墓中还发现了产自西亚或红海的珍贵乳香、5根原支非洲象牙、具有典型西方特色的焊珠金花泡（饰品）等文物。在一件船纹铜提筒上，可以清晰看到大船的水密舱结构，反映了当时造船技术的高超。所谓水密舱，就是用木板把船舱分隔成一个个互不相通的区域，避免船舱进水，这一技术使远航成为可能。

2016年，广州南越国宫署遗址、南越王墓遗址等6处史迹点被列入中国首批"海上丝绸之路·中国史迹世界文化遗产"名单。南越王墓中瑰宝见证了广州悠久的海上交通贸易史，历经2000多年依然光彩夺目。

（张鹏禹　文）

西汉角形玉杯
南越王博物院 供图

西汉船纹铜提筒
南越王博物院 供图

西汉扁球形银盒
南越王博物院 供图

与特区发展
同频共振

**深圳博物馆**

7月的鹏城，满目葱茏。站在莲花山顶远眺，市民中心以大鹏展翅之态矗立在城市中轴线上，深圳博物馆历史民俗馆位于市民中心东区，是这座城市地标中引人注目的文化空间。

深圳博物馆成立于1981年，伴随着深圳特区的建设而诞生，在20世纪80年代曾被誉为"国内最现代化的博物馆"。深圳博物馆现有历史民俗馆、古代艺术馆、深圳改革开放展览馆、东江游击队指挥部旧址纪念馆4处馆址，拥有文物藏品4万多件，是集收藏、保护、研究、展示、教育为一体的大型总分馆制博物馆。

## 梳理城市历史脉络

深圳是改革开放后崛起于南海之滨的现代化城市，但它并非"一夜新城"。早在7000年前，就有先民在此繁衍生息。深圳博物馆历史民俗馆的"古代深圳"基本陈列，用500多件文物、沙盘、浮雕等，勾勒出古代深圳的历史轮廓，展示了深圳7000年开发史、1700多年城市史、600多年海防史、800多年广府历史和300多年的客家移民史。

　　走进展厅，一幅滨海先民聚居地场景浮雕映入眼帘，再现了7000年前深圳大鹏湾畔原始先民的生活。他们在海里捕鱼，在山中狩猎，用原始的方式制作石器和陶器。浮雕旁的展柜里，陈列着彩陶圈足盘、印纹陶尊、有槽石器等，它们均出土于咸头岭遗址。这是深圳迄今发现年代最早的文化遗址，也是环珠江口地区最典型的新石器时代中期沙丘遗址，入选"2006年全国十大考古新发现"。

　　屋背岭商代遗址是岭南地区目前发现规模最大的商代墓地，被评为"2001年全国十大考古新发现"之一。屋背岭遗址出土的带流罐、高柄豆、圜底釜等陶器，表明当时深圳地区已受到中原文化影响。

　　秦代深圳被纳入中央王朝版图，属南海郡番禺县。公元前204年，秦将赵佗乘秦亡之机割据岭南建立南越国，深圳属南越国辖地。汉武帝灭南越国后，深圳复归南海郡管辖。深圳南头红花园发现的几座东汉墓，是较

汉代乘法口诀刻文砖

深圳博物馆 供图

有代表性的汉代文化遗存，其中出土的乘法口诀刻文砖尤为珍贵。这块青灰色的砖上有模印的菱形网格纹，一面刻有两行九九乘法口诀。据博物馆研究人员介绍，这种刻文砖为全国首次发现，具有重要的历史价值。它反映了远处岭南边陲的深圳地区，在东汉时期已经推广汉文化基础教育，民间已学习和应用乘法口诀。

公元331年，东晋设立东官郡和宝安县，其治所均设于南头，这是深圳城市历史的开端。展厅里展出了东晋、南朝墓葬出土的鸡首壶、四足砚、滑石猪等文物，表明当时深圳地区文化与中原文化融合。

自唐代开始，随着广州海外贸易的兴盛，深圳成为"粤海门户"、广州海外交通之外港。深圳出土的各类外销瓷器，是了解海上丝路贸易状况的重要物证。南头后海元代墓葬中出土的两件褐彩牡丹纹梅瓶，在橙黄素胎上用褐彩绘画各种花纹，绚丽雅致。据考证，这两件梅瓶为元代海康窑产品，是广东本地具有代表性的古代陶瓷艺术佳作。

元代褐彩牡丹纹梅瓶

深圳博物馆 供图

明清时期，东南沿海频遭外敌侵扰。1394年在深圳地区修建的东莞守御千户所城和大鹏守御千户所城，在抵御西方殖民侵略和海盗、倭寇侵扰的斗争中发挥了重要作用。

近代深圳是中西新旧文化交融之地，也是抵抗外侵、争取解放的重要战场。深圳博物馆历史民俗馆"近代深圳"陈列中，第二次鸦片战争期间英军用的手枪、大革命时期省港大罢工纪念章、抗战时期东江纵队的战斗生活用品、解放战争期间粤赣湘边纵队使用的文件箱和望远镜等，见证了深圳近代史上的重要阶段。

1949年10月1日清晨，粤桂边纵队近千名部队干部和学生、群众在大鹏王母墟举行庆祝新中国成立的升旗典礼。《王母墟升旗油画》描绘了这一激动人心的情景。15天后，宝安县城（今深圳）解放。深圳的历史，从此翻开了新的一页。

## 讲述改革开放故事

深圳博物馆是全国最早开展改革开放实物资料收集、保管、研究、展示的博物馆。1988年开馆即推出"今日深圳"展览，并不断进行更新完善。在"今日深圳"基础上推出的"深圳改革开放史"基本陈列，展出实物2000多件（套）、图片1200多张、文件213份、视频23个，按时间顺序分4个篇章讲述了深圳特区成立以来的发展历程和成就，荣获"2007—2008年度全国博物馆十大陈列展览精品奖"。

2018年11月，由广东省委宣传部指导、深圳博物馆精心打造的"大潮起珠江——广东改革开放40周年展览"正式开幕。该展览面积6300平方米，汇聚实物、照片、视频、主题场景、模型沙盘等3200多个展览项目，采用先进技术和多媒体形式，全面展示广东改革开放40年来取得的巨大成就，荣获"2018年度全国博物馆十大陈列展览精品推介特别奖"。

走进"大潮起珠江'展览现场，一张张老照片、手摇放映机、逼真的场景复原，让旧日时光重现眼前。1980年8月，第五届全国人大常委会第十五次会议作出决定，批准在深圳、珠海、汕头、厦门设置经济特区，并通过《广东省经济特区条列》。《广东省经济特区条例》可以说是深圳特区的"出生证"，它的通过标志着特区正式诞生。

特区建设之初，中央先后派遣2万多名基建工程兵来到深圳。一幅名为《时间就是金钱》的画作，展现了当年深圳建设争分夺秒、热火朝天的场景。画面里，有的工人在托运材料，有的在看时间，有的匆匆扒两口饭就准备继续工作，甚至还有人在工地上打吊瓶。一位老人站在画前细细观看，久久不愿离开。他说："这幅画让我想起当工程兵的时光，里面都是我战友的影子。"

1987年12月，深圳举行了新中国第一场土地拍卖会，这是国有土地使用制度的一次重大变革，后来直接促成了宪法的修改。展厅里复原了拍卖会的场景，并展示了当时使用的拍卖槌。

新中国土地拍卖第一槌

深圳博物馆 供图

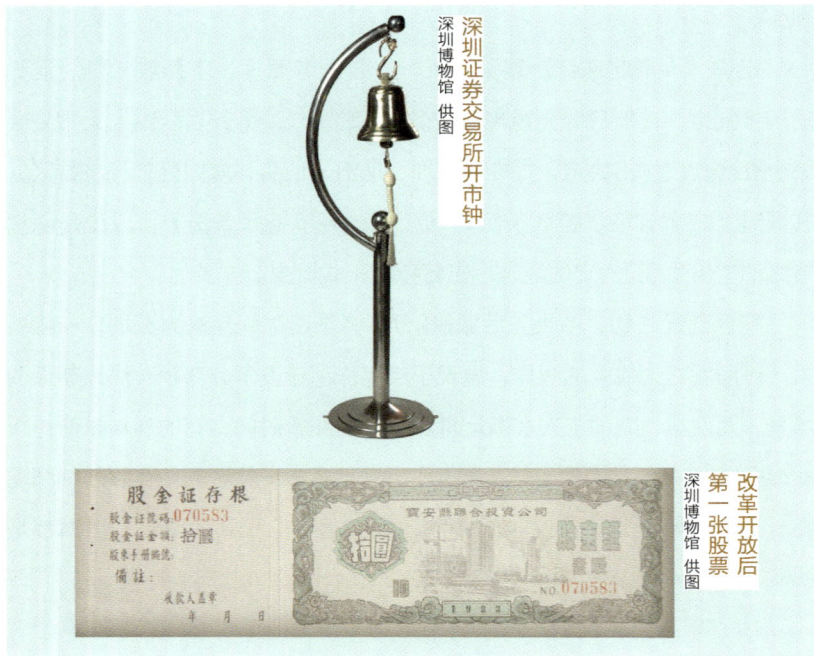

　　1990年12月1日，新中国证券市场的第一声交易钟声在深圳证券交易所大厅敲响。眼前这只缀着白色钟绳的股市开市钟，见证了新中国资本市场的诞生。

　　一幅68米长的新媒体艺术长卷上，水彩画、沙画、动态照片等不断变幻，通过4个篇章生动展现广东改革开放40年城乡面貌的巨变和百姓生活的变迁。这是国内面积最大、分辨率最高、最具创新形式的多媒体艺术投影，使用了12台两万流明（投影机亮度参数）的激光投影机，营造出非凡的艺术效果。

　　华为研发的手机、城市宏站、交换机，富士康打造的无人工厂，优必选推出的智能机器人……这些深圳企业的创新成果，向观众展示着"科技之都"的魅力。

# 丰富特区文化底蕴

在深圳博物馆，你可以欣赏平山郁夫丝绸之路美术馆珍藏的丝路沿线文物精品，可以走近海昏侯刘贺的离奇人生、领略大汉王朝的风采，还可以透过中国国家博物馆馆藏重器感受古代青铜文明的璀璨。深圳博物馆每年都会引进多场国内外高水平展览，为观众献上丰富多彩的文化盛宴。

深圳博物馆是国内较早引进、举办专题展览的博物馆，开馆40多年来举办各类专题展览1000多个。四羊方尊、金缕玉衣、秦始皇兵马俑、越王勾践剑等国宝级文物，英国、法国、美国、意大利、印度、埃及等多个国家的文物艺术精品，都曾在此展出。

深圳博物馆也是展示城市文化的窗口和举办对外交流活动的会客厅。截至2022年上半年，累计接待海内外观众2200万人次，2019年参观人次达到318万，位居国内博物馆前列。

为了给市民提供优质的公共文化服务，深圳博物馆推出丰富多彩的文化教育活动，2021年举办各类教育活动近千场。"考古小作坊""缪斯少年体验营""博笑堂小剧场"等人气爆棚。深圳博物馆不断创新活动形式，将展览、教育活动在线上同步推出，"深博学堂""云游深博"备受公众欢迎。

深圳博物馆还将多种主题的流动展览送到基层社区、公园、学校、部队巡展，选派专家赴市内相关单位开展讲座、培训，深入大中小学举办"博物馆小讲堂"等活动。让市民享受高水平的文化服务，同时为特区发展注入文化动力。

（郭　悦　文）

## 图书在版编目（CIP）数据

你所不知道的国家一级博物馆 . 2 / 人民日报海外版文艺部主编 . —北京：人民日报出版社，2022.6

ISBN 978-7-5115-7339-1

Ⅰ . ①你… Ⅱ . ①人… Ⅲ . ①博物馆 – 介绍 – 中国 Ⅳ . ① G269.26

中国版本图书馆 CIP 数据核字 (2022) 第 060614 号

| | |
|---|---|
| 书　　名：| 你所不知道的国家一级博物馆 2 |
| | NI SUO BUZHIDAO DE GUOJIA YIJI BOWUGUAN 2 |
| 主　　编：| 人民日报海外版文艺部 |
| 执行主编：| 邹雅婷 |
| 出 版 人：| 刘华新 |
| 责任编辑：| 宋　娜　　刘思捷 |
| 装帧设计：| 子鹏语衣 |

出版发行　人民日报出版社

| | |
|---|---|
| 社　　址：| 北京金台西路 2 号 |
| 邮政编码：| 100733 |
| 发行热线：| （010）65369509 65369527 65369846 65363528 |
| 邮购热线：| （010）65369530 65363527 |
| 编辑热线：| （010）65369521 |
| 网　　址：| www.peopledailypress.com |
| 经　　销：| 新华书店 |
| 印　　刷：| 北京中科印刷有限公司 |
| 开　　本：| 880×1230mm　　　1/32 |
| 字　　数：| 248 千字 |
| 印　　张：| 9.625 |
| 版次印次：| 2022 年 7 月第 1 版　　2022 年 7 月第 1 次印刷 |
| 书　　号：| ISBN 978-7-5115-7339-1 |
| 定　　价：| 68.00 元 |